PAUL ERNST RATTELMÜLLER

Christkindl

PAUL ERNST RATTELMÜLLER

Christkindl

Verlagsanstalt »Bayerland« Dachau

Abbildungen auf dem Umschlag:
vorne: Trösterlein aus dem Kloster Reutberg
hinten: kleiner Barockkasten, Silber vergoldet, für das hölzerne Chrysostomusstammhäuschen, in dem das Salzburger Kindl in das Lorettokloster gekommen ist.
Abbildung auf Seite 1: Neujahrskarte

Bildnachweis:
Peter Becker, Altötting: S. 121
Museum Steyr: S. 127, 135 (Originalholzstöcke)
Wolf-Christian von der Mülbe, Dachau: S. 29
Werner Neumeister, München: S. 36
Öffentliche Kunstsammlung Basel, Kupferstichkabinett: S. 9
Sammlung Robert Böck, München: S. 138
Sammlung Dr. Roth, Vierkirchen: S. 100, 101
Staatliche Graphische Sammlung, München: S. 109
R. Weidl, Verlag St. Peter, Salzburg: S. 85
Alle anderen Abbildungen Archiv Rattelmüller.

2. Auflage 1999:

Lubomír Synek/ArchArt, Prag (gedruckt mit Erlaubnis der Kirche Unserer Lieben Frau vom Siege, Prag): S. 36

Verlag und Gesamtherstellung:
Druckerei und Verlagsanstalt »Bayerland« GmbH
85221 Dachau, Konrad-Adenauer-Straße 19
Alle Rechte der Verbreitung (einschl. Film, Funk und Fernsehen) sowie der fotomechanischen Wiedergabe und des auszugsweisen Nachdrucks vorbehalten.
© Druckerei und Verlagsanstalt »Bayerland« GmbH
85221 Dachau, 2. Auflage 1999
Printed in Germany · ISBN 3-89251-195-0

Inhalt

»Kleines Kindl – Großer Gott, was muaßt leiden große Not...« 7

Ein Wort voraus 17

Der Bambino 18

Das Christkindl von Prag 34

Das Salzburger Kindl 58

Das Kindl mit der Kuhschelle 80

Ein Besuch im Kloster Reutberg 95

Das Augustinerkindl zu München 108

Die beiden Christkindl von Altenhohenau .. 115

Das Christkindl von Christkindl bei Unterhimmel 123

Literatur 142

»Kleines Kindl –
Großer Gott, was muaßt leiden große Not . . .«

heißt es in einem alten Krippenlied. Damit ist wohl die Menschwerdung Gottes am kürzesten angesprochen. Seien wir heutzutag noch so aufgeklärt, noch so unerhört wissend, der Kirche fremd geworden, können sich doch nur wenige dem Kind in der Krippe entziehen. Dabei spielt dieses Bild zu Beginn des Christentums keine Rolle. Es war wohl, wie es bei strenggläubigen Juden und im Islam noch heute ist: Das Wort vermittelt und stärkt den Glauben, nicht das Bild. Schließlich heißt es schon im Alten Testament im zweiten Buch Mose, bei den Zehn Geboten: »Du sollst Dir kein Bildnis noch irgendein Gleichnis machen, weder von dem, was oben im Himmel, noch von dem, was unten auf Erden, noch von dem, was im Wasser unter der Erde ist.« Und im 26. Kapitel des dritten Buches Mose steht noch einmal sehr deutlich: »Ihr sollt euch keine Götzen machen und euch weder Bild noch Steinmal aufrichten, auch keinen Stein mit Bildwerk setzen in eurem Lande, um davor anzubeten; denn ich bin der Herr, euer Gott.«

Man stößt in der Heiligen Schrift immer wieder auf bezugsreiche Stellen, auch im 97. Psalm, wo es heißt: »Schämen sollen sich alle, die den Bildern dienen und sich der Götzen rühmen«, oder beim Propheten Jesaja, der in diesem Zusammenhang im 40. Kapitel seiner Prophetien die Frage stellt: »Mit wem wollt ihr denn Gott vergleichen? Oder was für ein Abbild wollt ihr von ihm machen?« Diese Frage wäre allerdings nach der Menschwerdung Gottes gut zu beantworten, denn das Neue Testament ist voll von Bildern. Trotzdem vermeidet das frühe Christentum, wohl aus Scheu, das Bild. Erst als hellenistischer Geist einzieht und die Bildergegner als Häretiker, als vom offiziellen Kirchendogma abweichende Sektierer verschrieen werden, ändert sich das. Trotzdem weiß die Kirchengeschichte im Laufe der Jahrhunderte immer wieder einmal von Bilderstürmen zu erzählen, bis hin zu Johannes Calvin im 16. Jahrhundert. Nicht das Bild soll man verehren, sondern was sich dahinter verbirgt.

Papst Gregor der Große preist im ausgehenden 6. Jahrhundert Wandmalereien als die Bücher des einfachen Volkes, das nicht lesen und schreiben kann. Thomas von Aquin sieht im Bild eine Hilfe zur Andacht. Meister Ekkehart, der Mystiker des Dominikanerordens in Köln, spricht hinwiederum um 1300 gegen das Bild, er denkt an ein »bildloses Bild der Gottheit«. Erst Heinrich Seuse, ein Schüler des Meisters Ekkehart, ist für das Bild wieder aufgeschlossener.

Sei es das Wort, sei es das Bild, beides bereitet begnadet-gläubigen Menschen den Weg zu Visionen. Die Gestalt Jesu ist ihnen nicht mehr einfaches Bild, sondern geistige Schau, eine Erscheinung religiöser Verzückung. Der erste, von dem man erzählt, daß ihm die Gnade der Vision widerfahren sei, ist der Wüstenvater Arsenius um das Jahr 400 gewesen. Solche Visionen gelten zunächst nicht dem Kind in der Krippe, sondern der Leidensgeschichte. Deshalb sind sie auch zuerst Priestern vorbehalten in Verbindung mit der heiligen Messe, mit der Wandlung von Brot und Wein. Wenn in einer Vision das Kind zu einer Erscheinung wird, dann ist es das auf dem Kreuz ruhende oder gar in Verbindung mit Marterwerkzeugen gezeigte Kind. Noch im 18. Jahrhundert ist die Darstellung des Herzen Jesu in Gestalt des Kindes gebräuchlich. Erst in der Folge wandelt sich das Bild zum lieblichen Kind in der Krippe, auf dem Schoß der Mutter Maria oder im Spiel mit Johannes dem Täufer.

Von den Mönchen und Nonnen des Zisterzienserordens sind die ersten Visionen dieser Art überliefert. Zunächst sind es auch hier Visionen des Leidensweges Christi, dann aber ist es die Geburt des göttlichen Kindes, die die Klosterfrauen in Gesichten miterleben dürfen. Sie sind die ersten, die das in den Evangelien etwas trocken geschilderte Weihnachtsgeschehen mit gefühlsbetonten Bildern bereichern. Hier muß man drei bedeutende Nonnen aus dem Kloster Helfta bei Eisleben nennen: Mechtild von Magdeburg, Mechtild von Hackeborn und Gertrud die Große.

Mechtild von Magdeburg, zu ihrer Zeit schon bekannt durch ihr Buch »Das fließende Licht der Gottheit«, war zunächst eine Begine, also Mitglied einer asketischen Frauenvereinigung, und sie bekennt in ihren Offenbarungen, daß sie mehr zur »bräutlichen Gottesminne«, Gottesliebe, tauge, als um Kinder »zu säugen und zu wiegen«. Ob sie Visionen im üblichen Sinn erlebt hat? Ob es nicht vielmehr Gleichnisse waren, die in ihrer Sprachkraft Visionen ausgelöst haben? Wir wissen es nicht. Das Kind Jesus erscheint bei ihr erst in den letzten Abschnitten ihres Werkes, geschrieben im reiferen Alter.

Weit eigenständiger sind die Erscheinungen des Kindes bei der zweiten großen Mystikerin, Mechtild von Hackeborn, die 1299 gestorben ist. Sie richtet alle ihre Gedanken vertrauensvoll-frommgläubig auf das Kind. Bei Gertrud der Großen wachsen die Erscheinungen dann aus einer geistlichen Gelehrsamkeit, über eine verzückte Erscheinung, eine Schau hinaus. Das zarte kleine Kind ist ihr Kind, Seelenbräutigam, Christkönig in wunderbarer Wandlung zugleich. Bei ihr finden wir auch eine Anleitung dafür, wie das Christkind gekleidet werden soll, nämlich in die weiße Farbe der Unschuld, die rote der Liebe und in die grüne der Demut, wohl auch der Hoffnung.

Diese großen Frauen werden den Schwestern ihrer Zeit und den Nonnen folgender Generationen zu wahren Vorbildern. Auch die Rede des Bernhard von Clairvaux in der ersten Hälfte des 12. Jahrhunderts, man solle sich dem Kind auf ganz persönliche Art und Weise nähern, sich in herzlicher Liebe zu ihm neigen spielt sicher keine unbedeutende Rolle. Auch sie nimmt in den folgenden Jahrhunderten Einfluß auf eine wachsende Christkindlmystik, deren Spuren noch bis weit ins 18. Jahrhundert lebendig bleiben.

In der Folge wird die Darstellung der Geburt immer anschaulicher, immer weiter ausgeschmückt, und bald gibt es kein Frauenkloster mehr, in dem sich fromme Schwestern, vor allem zur Advents- und Weihnachtszeit, nicht um das Kind in der Krippe versammeln, in dem Nonnen sogar eigene kleine Wiegen für ihr »Trösterlein« besitzen, das sie wie einen lebendigen Säugling pflegen, baden oder kosen und küssen. Der Gottessohn als kleiner Bub wird ganz persönlich erlebt.

Das Vorbild für das Einssein der Seele mit Christus hat die mystische Frömmigkeit des Mittelalters vom Hohenlied des Alten Testamentes abgeleitet. Nicht von irdischer oder gar sinnlicher Liebe singt nach mittelalterlicher Vorstellung dieses Buch der Lieder, der Bräutigam des Hohenliedes war nicht ein irdischer Mensch, nicht König Salomon, das war einzig und allein Christus. Die Braut, die seiner begehrte, nach der sich auch er sehnte, war die Kirche, war aber auch die einzelne Seele. Gerade mit den Worten des Hohenliedes glaubte darum die mittelalterliche Seele ihr Verlangen nach Christus, ihre Vereinigung mit ihm am besten und richtigsten zu erfüllen.

Nur bei wenigen seligen Frauen des Mittelalters kann man das Leben so genau verfolgen wie bei Margareta Ebner, die ihre Tage im Kloster Maria Medingen, nördlich von Dillingen verbracht und 1351 im Alter von 60 Jahren beschlossen hat. Sie hat selbst ihr Leben niedergeschrieben, nicht so sehr den äußeren Ablauf eines eintönig geordneten Klosterlebens als einen Spiegel ihres Glaubenslebens. Sie hat damit einer Anregung ihres Seelenhirten Heinrich von Nördlingen Folge geleistet, der geglaubt hat, in ihr ein ganz besonderes Werkzeug des göttlichen Gnadenwillens zu erkennen, und daß es gut sei, wenn Menschen von dem geheimnisvollen Wirken Gottes an dieser Nonne erfahren. Er war es auch, der Margareta Ebnerin mit Nachdruck gebeten hat, ihre Erscheinungen einem Tagebuch anzuvertrauen. Widerstrebend geht sie in der Adventszeit des Jahres 1344 auf dieses Ansinnen ein. 1345 schickt sie Heinrich von Nördlingen, der damals in Straßburg ist, den ersten Teil ihrer Aufzeichnungen. Er antwortet glücklich zurück: »Dein gottredender Mund macht mich redelos«, und er bittet Margareta mit der Niederschrift ihrer Visionen fortzufahren. Sie tut, wie ihr geheißen. Auch für sie wird, wie für ihre großen Vorbilder auch, das Kind in der Krippe zu ihrem Kind, zum Seelenbräutigam, zu ihrem Christkönig zugleich.

Heinrich von Nördlingen nennt sie »Christi Turteltaube ..., die demütige und doch so hochgesinnte Gemahlin des obersten Salomonis«. Von Christus selbst kommt ihr die Bestätigung dieser Vorstellung. Sie selbst schreibt, sie habe im November 1343 den Herrn gehört. »Ich bin ein Gemahl Deiner Seele«, habe er zu ihr gesagt. »Deine Minne zwinget mich, daß ich mich von Dir finden lasse. Mag auch

Die »Ewige Weisheit«, das Kind im Herzen Jesu mit Zeichen der Passion; Kupferstich des Meisters E. S., 1467

der Leib darunter seufzen und leiden, die Seele soll ihr Genügen haben. Deine süße Lust mich findet, Deine innere Begier mich zwinget, Deine brennende Minne mich bindet, Deine lautere Wahrheit mich behaltet, Deine ungestüme Liebe mich bewahrt. Ich will Dich fröhlich empfangen und minniglich umfangen und hereinnehmen in das einige Ein, das ich bin ...«

Das ist eine Sprache, die uns heute fremd ist. Diese minneselig-schwärmerische Ausdrucksweise im

Umgang mit Gott, mit Christus mutet uns mehr als eigenartig an. Den Zeitgenossen der Margareta Ebner war sie ganz selbstverständlich. Und so sollte man auch jene Zeit an ihren Maßstäben messen und nicht an Vorstellungen unserer Tage.

Solche Art, mit Gott und Christus zu sprechen, war in jenen Zeiten ganz selbstverständlich, war aber für schwächere Seelen mit der Gefahr verbunden, im Bereich dieser Bilder zu verweilen und eben nicht weiter in jene Welt aufzusteigen, auf die sie nur hinweisen sollten und wollten, auf die Welt des Übersinnlichen, des Geistigen. Margareta Ebner hat diesen Weg genommen, geleitet von Heinrich von Nördlingen, der ihr ein besonderes Gebet auferlegt hat: »Getreuer Gott« – damit war genau gesagt Christus angesprochen – »trag uns selber und aus aller Kreatur; trag uns hinein in Dich, und mit Dir hinein in Deinen Vater.« Weil Margareta »eine getreue Nachfolgerin der Menschheit Jesu Christi« werden will, möchte sie auch genau um das Leben Jesu wissen, mehr wissen als die Evangelisten überliefern, mehr als die Legendenschreiber aufgezeichnet haben. Dabei ziehen sie zwei Lebensabschnitte ganz besonders an, nämlich jener der Kindheit und jener des Leidens. Die Kindheit Jesu, die Vorstellungen, die Margareta im Zusammenhang mit ihr gehabt hat, die Geschichte, die Visionen, die ihr erschienen sind, gehen uns nun im Zusammenhang mit der »Kind-Jesu-Verehrung« in Verbindung mit »den Christkindln« besonders an.

Das göttliche Kind, das auf so wunderbare Weise in diese glücklose, zerstrittene Welt gekommen ist, das so zart, so schön gewesen ist, schöner als alle anderen Kinder der Erde, das bereits in der frühen Kindheit verfolgt worden ist und Bitteres für uns Menschen hat erdulden müssen, auch erdulden wollen, so wie es ihm auferlegt war, dieses Kind war der Liebling des mittelalterlichen Menschen, im besonderen aber der Klosterfrauen. Friedrich Zoepfl schreibt in diesem Zusammenhang: »Wieviel haben sich die Nonnen des Mittelalters mit diesem lobseligen Kindlein beschäftigt! Was haben sie sich alles von ihm zu erzählen gewußt! Welch köstliche Lieder haben sie ihm gesungen! Selbst Reigen haben sie um seine Wiege getanzt! Und wie oft ist das Kindlein in Träumen oder in begnadeten Stunden den Nonnen erschienen, hat mit ihnen gescherzt und gespielt... Unendlich viel Poësie liegt in diesem Verhältnis der mittelalterlichen Nonne zum Jesuskind. Man tut den Nonnen gewiß kein Unrecht an, wenn man sagt, daß ihr mütterliches Empfinden im göttlichen Kind den schönsten Ersatz fand für das eigene Kind, auf das sie verzichtet hatten. Prediger und Seelsorger trugen dieses naturhafte Empfinden in eine höhere Sphäre und gaben ihm damit ein Recht im geistlichen Leben. Sie sagten den Nonnen, Christus müsse in ihren Seelen geistig geboren werden, sie müßten also geistliche Mütter des Christkindes werden und es großziehen in ihren Seelen. Auch der Mystiker Johannes Tauber hat in diesem Sinn gepredigt.«

Wenn man von der Liebe spricht, die Klosterfrauen gerade im Mittelalter dem Mensch gewordenen Gotteskind entgegengebracht, die es umsorgt und umhegt haben, dann ist immer von der schon genannten Margareta Ebner im Kloster Maria Medingen bei Dillingen die Rede. Bei ihr hat das göttliche Kind eine »sunder stat«, einen besonderen Platz in ihrem Herzen. Eigenartigerweise aber erst in späteren Jahren ihres Lebens, im Alter von fünfzig, fünfundfünfzig Jahren, was wiederum wenigstens bei ihrer Person gegen eine natürliche Mutter-Kind-Beziehung spricht. Diese ganz besondere Liebe zum göttlichen Kind mag gerade durch »Das fließende Licht der Gottheit«, das berühmte Werk der Mechtild von Magdeburg, beeinflußt worden sein. Immerhin hat es Heinrich von Nördlingen aus dem Niederdeutschen ins Hochdeutsche übertragen und 1345 der Margareta Ebnerin zukommen lassen mit der Aufforderung, es »mit Begierde« zu

Margarete Ebner mit ihrem Kindl; Kupferstich, 18. Jh.

denn war, als es vom Himmel gekommen ist in den Schoß der Mutter Maria. Und das Kind sagt zu ihr: »Hättest Du mich auf einer Nadelspitze gehabt, Du hättest mich doch nicht sehen können. So klein war ich und hab doch schon alle meine Glieder gehabt.« – Wie denn die Geburt im Stall von Bethlehem gewesen sei? Und das Kindl antwortet: »Ich ward geboren rein und schmerzenlos und so wunderbar, wie es in der Heiligen Schrift steht ...« – Ob es wirklich so arm zugegangen sei bei der Geburt? »Es ist wahr«, sagt das Kindl. »Es mußte an mir vollbracht werden, um des Heiles der Menschheit willen«. – Voller Neugier fragt Margareta, ob es denn wahr sei, daß der heilige Joseph das Kind nach der Geburt in seine Hose gewickelt habe? »Er wickelte mich in das, was ihm gerade zur Hand war: woher hätte er sonst etwas bekommen können?«

So manche Frage stellt Margareta, um die Beschneidung, weil sie dem Kind das erste Blutvergießen gekostet hat. Auch das erzählt ihr das Kindl ohne Scheu: »Joseph hielt mich, da es die Mutter nicht vermochte vor Weh's, das sie empfand. Sie weinte bitterlich und ich weinte auch. Ich hatte großen Schmerz und vergoß auch viel Bluts. Nach der Beschneidung nahm mich die Mutter wieder an sich mit großer Minne und beschwichtigte mein kindlich Klagen.« Hätte die Margareta Ebnerin diese Geschichte, dieses Frage- und Antwortspiel nicht aufgezeichnet, wüßten wir davon nichts. So fragt sie das Kind, ob es wahr sei, daß es einen der Heiligen Drei Könige an den Haaren gezupft hat, und wo denn die wertvollen Gaben hingekommen sind? Margareta zeichnet die Antwort auf: Freilich habe es einem der heiligen Drei das Haar gekraut, und was sie an Kostbarkeiten gebracht hätten, die Könige, das habe die Mutter unter die Armen ausgeteilt. Dann belehrt das Kind die fromme Klosterfrau: »Das niedrigste Gut – die Schätze der Erde – gehört nicht zum höchsten Gut – zur ewigen Gottheit. Und ich bin nicht deshalb vom Himmel her-

lesen, es sich tief ins Herz einzuprägen. Mechtild von Magdeburg erzählt in ihren Offenbarungen viel von der Kindheit Jesu, Bekanntes und Unbekanntes, manches, was zu Neugier anregt. So fragt die Margareta Ebnerin unbefangen und voller gläubiger Einfalt das Kind, als es ihr erscheint, wie klein es

niedergestiegen, um den Reichtum der Erde zu genießen.« Die Fragen der Margareta werden immer weniger zurückhaltend. So fragt sie doch tatsächlich, ob die Mutter Maria ihre Liebe zum Christkindl in Zärtlichkeiten geäußert, ob sie es geküßt habe. Worauf das Kind sagt: »Meiner Mutter Liebe war nie ohne großen Schrecken, ob der gewaltigen Kraft, die sie aus mir empfand und in mir erkannte.« – Diese Antwort ist der Margareta eine deutliche Mahnung, daß nämlich das Verlangen nach dem heiligen Fronleichnam, nach der Kommunion, nicht ohne Schrecken und Furcht sein dürfe. Das habe sie sich zwar sehr zu Herzen genommen, aber im Umgang mit dem Kind Jesu seien Furcht, Angst, Beklommenheit gar nicht erst aufgekommen. Die Erscheinung, dieses Kind sei ihr so vertraut geworden, daß sie es als ihr Kind empfunden hat. Sie wird mit ihm so eins, wie es nur eine leibliche Mutter mit ihrem Kind werden kann.

Am Tage und in der Nacht, in wachen Stunden und in Stunden der Träume ist in ihrer Vorstellung dieses Kind lebendig, sie spricht ohne Scheu mit ihm gleich einer Mutter, gleich einem Kind, für das die Puppe zu einem lebendigen Kameraden wird. Sie erzählt dem Kind ihre Sorgen, bittet es um Hilfe für Lebende, aber auch für Verstorbene, sie lacht und scherzt mit ihm und ist immer wieder erschüttert, wenn sie an die Leidenszeit denkt, die diesem Kind vorgezeichnet ist.

Am Stephanstag, am 26. Dezember 1344, bekommt Margareta von Freunden aus Wien »eine minnigliche Gabe«, eine kleine Wiege, in ihr ein Christkind. Damit bekommt ihre Verbindung zum Kind Jesu für ihre Mitschwestern einen recht sichtbaren Bezug, und man erzählt sich im Kloster sonderbare Geschichten. Eines Nachts wacht die Mutter Margareta auf und sieht das Kindl in seiner Wiege fröhlich spielen. Daraufhin habe sie das Kind angesprochen: »Warum bist Du denn nicht züchtig und läßt mich nicht schlafen? Ich hab Dich doch so gut gebettet.« – Darauf das Kind: »Ich laß Dich nicht schlafen. Du mußt mich zu Dir nehmen!« Die Mutter Margareta habe es daraufhin zu sich auf den Schoß genommen, voller Glückseligkeit und in ihrer Freude zu dem Kind gesagt: »Küsse mich, dann will ich vergessen, daß Du mich um den Schlaf gebracht hast.« – Und Margareta schreibt: »Da fiel es um mich mit seinen Aermlein und halste mich und küßte mich.«

Bei dieser Berührung mit dem Kind erschrickt sie zutiefst, doch der Schrecken weicht bald einem übergroßen Glücksgefühl über die Gnade, die sie in diesem Augenblick erfahren hat.

Ein anderes Mal ist es ihr, als fordere das Kind sehr bestimmt an die Brust gelegt zu werden. Margareta zögert. Da droht das Kind: »Stillst Du mich nicht, so werde ich mich Dir entziehen, wenn Du mich am allerliebsten hast.« Daraufhin erfüllt die Mutter Margareta dem Kind diesen Wunsch. In diesem Augenblick glaubt sie zu spüren, was das Kind ihr schon erzählt hat, nämlich die gewaltige Last der Gnade. Und sie fragt, wie denn die Mutter Maria diese ständige Belastung überhaupt hat ertragen können, ohne unter ihr zusammenzubrechen.

Man mag die Erzählung der Margareta Ebnerin verstehen wie man will, als Sinnbild, als Traum, als – wie sie glaubt – tatsächliches Geschehen; man kann ihr nur dann gerecht werden, wenn man liest, was sie ihrem Bericht hinzufügt. »Wonach es mich gelüstet, wenn ich das Kind an meine Brust lege, ist das, daß ich durch seine lautere Menschheit gereinigt und durch seine inbrünstige Minne entzündet und von seiner Gegenwart und seiner süßen Gnade durchgossen und so in den wahren Genuß seines göttlichen Wesens gezogen werde mit allen minnenden Seelen, die in der Wahrheit gelebt haben.«

Der Umgang der Mutter Margareta Ebnerin mit dem göttlichen Kind, wenn auch nur in seinem Bild, hat etwas Rührendes. Aber es ist eben nicht nur das Bild; diese Erscheinungen sollen sie vielmehr reif und fähig dafür machen, am göttlichen Leben teilzuhaben. Was im irdischen Bild sichtbar wird, soll sie im Geist vollenden. Deshalb begegnen ihr auch die Mitschwestern mit scheuer Ehrfurcht und Verehrung. Und nicht nur sie. Heinrich von Nördlingen nennt Margareta Ebnerin eine »Gottesgebärerin«, und schreibt ihr anno 1335: »Nun tu auf das Erdreich Deines Herzens und gebäre Dir und uns den Erlöser, der aus Dir grünen und blühen soll und neue Frucht bringen; gar sänftiglich und still soll er geboren werden; in voller Lust, im ganzen Frieden, in gnadenreicher Ruhe ohne Schmerzen, wie es bei Maria geschah.«

Die Mutter Margareta erlebt aber nicht nur Stunden des Glücks, verweilt nicht nur in dieser »regio lucis et pacis«, dem Bereich von Licht und Frieden, sie weiß, daß sie auch die bittern Stunden der Passion mitdurchleiden muß. Denn es ist nicht zu vergessen, daß die Passionsmystik ein Grundpfeiler der mittelalterlichen Mystik gewesen ist.

Es gibt Darstellungen des späten Mittelalters, aber auch Andachtsbilder des 18. Jahrhunderts, die die Brücke vom Kind Jesu zum Leiden Christi schlagen; zum Beispiel die Darstellung des Christkindls, das auf dem am Boden liegenden Kreuz ruht.

All diese Gesichte, die tatsächlichen und erträumten Begegnungen mit dem Kind, begegnen uns auch bei der Entstehung von Wallfahrten zum Kind Jesu. Sie begleiten diese Wallfahrtsstätten, reichen noch bis weit ins 18. Jahrhundert, wenn wir zum Beispiel an die Mutter Columba im Kloster Altenhohenau denken. Aber es sind nicht nur Frauen, die von solchen Begegnungen erzählen, auch Patres wissen von Gesprächen mit dem Kind. Man braucht nur an die Geschichte des Prager Jesuleins zu denken.

Schon in einem 1565 erschienenen Büchlein »Vom zarten Kindlin Jesu« sind Anweisungen zu finden, wie man den »wahren Emanuel« vor, bei und nach seiner Geburt begleiten soll. Wie man, um ein Beispiel zu nennen, »dem edlen Kindlin Jesu ein Hütlin oder Städelin machen soll«. »Das geystlich Städelin soll sein der geistlich baw deines inwendigen menschens / das ist ein gantze abkörung deines gemüts vnnd hertzens von allen irdischen vnnd zergengklichen Dingen / also daß welchs war ist gewesen ein stall des bösen geysts / soll jetzund sein ein wonung Gottes. – Der baw soll gegründt sein auff den eckstain / das ist auff den Herren Jesum / der ist der starck felß / auff welchen man bawen soll mit einem vesten glauben. – Die maur ist die hoffnung / daß Du hoffnung habest / derselb Herr Jesus werd Dich nit verlassen. – Darnach must Du haben zwo gut starck seul / die erst muß sein gehorsam / die ander / willige armut: dise seul müssen mit banden inn die maur geschlossen werden / welche band seind die Liebe / vnnd forcht Gottes. – Auch mustu daran machen ein zaun / der soll auff der einen seyten geflochten sein mit dreyen Tugenten / nemlich / mit Demütigkeit / Gedult / vnnd Stillschweigen. Auff der andern seyten soll er auch mit dreyen tugenten verzeunt sein / nemlich mit Abbruch / (Casteyung) vnd Rainigkeit des hertzens. – Der Mertel oder Laym soll sein die verharrung im guten biß ans end. – Das Tach auff disem baw soll sein die vernunfft / vnd das aufmercken deines gantzen lebens...«

Dieses Büchlein ist übrigens »der Ehrwirdigen in Got Frawen... Barbara / geborne von Welden / des wirdigen und löblichen Gotshauß zum Holtz Abtißin / meiner gnedigen Frawen« in einer weitschweifigen Rede gewidmet. Dieser Widmung mag man entnehmen, daß so ein Büchlein auch 1564 keine Selbstverständlichkeit gewesen und auch damals Gefahr gelaufen ist, außerhalb der Klostermauern nicht ernst genommen zu werden. Sie liest sich fast wie eine Entschuldigung: »Ehrwürdige in Gott Gnedige Fraw / Es möchte vielleicht dieses Büchlein / Weltlicher art vnnd klueghyt nach / für ein einfeltiges kindisch Ding angesehen vnnd geachtet werden / dieweil es von der kindtheit Jesu tractirt:

Wann wir aber nach Christlicher mainung vnnd verstand der sachen recht nachdenken / befindet sich gewiß / daß vil Gotseliger heiliger menschen / sowol im alten / als im newen Testament / mit disem süssen Kindlein I.E.S.V. offt vnnd dick vmbgangen / ja schier ihr gantzes leben verzeret haben...«

Auch in anderen Büchern werden sie zu Kronzeugen: Zacharias und Elisabeth, die Hirten in Bethlehem, der heilige Simeon und die heilige Prophetin Anna, der heilige Johannes Chrysostomus, Papst Leo, Antonius von Padua, um wenigstens einige zu nennen.

Im Kloster Reutberg ist ein kleines Büchlein erhalten, »Übungen zum Geistlichen Krippenbau«, aus dem Jahr 1735. Nach einer langen vorbereitenden Einleitung ist es geordnet wie ein Adventskalender. Den ersten Tag ist es »ganz billich / daß Du Dich mit grosser Andacht dazu bereitest / ihme ein Wohnung und würdige Herberg in deinem Hertzen bauest / in welchem er zu wohnen verlangt«. – Am zweiten Tag »bereite mein Gott=liebende Seel Deinem JESU das Krippelein: Das ist / opffere und schencke JEsu für das Krippelein dein Hertz / bitte demüthig die werthe Mutter / daß sie wolle ihr liebes Kindlein in dasselbige legen...« – Soll man am dritten Tag dafür sorgen, daß in »dem Krippel ein Heu« ist, auf dem das Kindl gut ruhen kann, so »bemühe Dich... Gottliebende Seel« am vierten Tag, daß im Stall auch genügend Stroh ist. Am fünften Tag soll man »deß Krippleins untersten Boden« bereiten, »in dem Du Dich selbst erniedrigst und in Demut Deine Nichtigkeit und Deine grosse Blödigkeit erkennst«. Am sechsten Tag soll man ein »Liebs-Zäunlein umb das Kripplein« flechten, am siebten für Windeln und Tüchlein sorgen, »in welchen das holdselige Kindlein JEsus solte eingewickelt werden«, am achten Tag die Krippe mit guten warmen Decken versehen. Das alles natürlich ist im übertragenen Sinn zu verstehen. Denn die Zuwendung zu Gott, das innige Gebet, die Liebe zu Gott und den Nächsten »werden JEsu weit angenehmer seyn / als die wärmsten Decken«. Am neunten Tag soll der Stall von Bethlehem von allem Unrat, von allem »Spinnen=Geweb« gesäubert werden, soll, mit Worten von heute, der Mensch mit sich selbst ins reine kommen und seine Seele bereit machen für die Geburt des Herrn. In diesen Tagen bis hin zur Heiligen Nacht soll »die Gott liebende Seel« Holz zum Stall bringen, damit die Mutter Maria dem »lieben Kindlein die Speiß kochen könne«, soll als Vorrat Salz, Mehl, Schmalz und Milch in den Stall bringen, soll mit einem Schlüssel den Stall versperren, damit das Kind später in »Ruhe darin wohnen möge«. »Wasser und Feuer sollst Du bereiten.« Und immer dazu der Hinweis auf den übertragenen Sinn des geistlichen Krippenbaus: »Wann Du das Hertz-Wasser einer wahren Reu und Leyd über alle begangene Sünden« in diesen Stall trägst, die heißen Tränen, mit denen Du sie beweinst, dann wirst Du Dich auf die Geburt des Kindes richtig vorbereiten. Die gläubige Seele soll das Dach und die Fenster richten, »damit das schöne Kindlein nicht von Schnee, Wind oder Regen etwan Ungemach leyde«. Ochs und Esel sollen rechtzeitig in den Stall gestellt werden, und am Ende sollen die gläubigen Beter das hochheilige Paar auf der Reise nach Bethlehem begleiten, in Bethlehem vor die verschlossenen Türen, bis hin zum Stall und zur Stunde der Geburt.

In diesem Büchlein ist auch eine Aufstellung zu finden, die erklärt, was Menschen, Engel und Gegenstände symbolisieren.

»Zurüstung deß Geistlichen Krippleins.

Stall	= Demuth
Kripplein	= ein reines Hertz
Windel	= Armuth
Heu	= Casteyung deß Leibs
Zaun	= Bewahrung der fünf Sinn
Kindlein	= Die Liebe Gottes

Mutter	= Keuschheit
Joseph	= Andacht
Erster Engel	= Lieb deß Nächsten
Anderer Engel	= Fried
Erstes Lämmlein	= Sanfftmuth
Anderes Lämmlein	= Geduld
Erster Hirt	= Wachtsamkeit
Anderer Hirt	= Einfalt
Dritter Hirt	= guter Wille
Oechslein	= Stillschweigen
Esel	= Fleiß im Gottesdienst.«

Mit der Geburt des Kindes ist das Büchlein vom geistlichen »Krippenbau« nicht abgeschlossen. Nun gilt es, das Kind zu betreuen in Gedanken und Gebeten. Einige wenige Beispiele seien genannt: Immer »zwey Jungfrauen« sollen das Kindl waschen, mit der »Reue der Sünd«, andere sollen es niederlegen, wieder andere die Wiege hüten, es spazieren führen, oder auch einmal richtig baden und dabei aufpassen, daß das Kind nicht ertrinke. »Pietas«, also die Frömmigkeit, die Ergebenheit, die Gottseligkeit »weinet Wasser / daß sich das Kindlein hat gedemühtiget / unser schwaches Fleisch und Blut anzunehmen«.

Man kann heute wohl kaum mehr ahnen, wie tief dieser Reichtum an Gefühlen, diese Innigkeit der Verehrung für den Gottessohn in der Krippe gewesen ist. Die Andachtsbücher des 18. sogar noch die des 19. Jahrhunderts vermitteln noch immer etwas von diesem Überschwang in den spätmittelalterlichen Frauenklöstern.

Selbst der evangelischen Welt sind diese Empfindungen nicht fremd. So verfaßt in der Barockzeit eine Laiin, Catherina Regina Greiffenberg, Freiin von Seyßenegg, »Geistliche Sonette / Lieder und Gedichte / zu Gottseligem Zeitvertreib«: »Auf Höchst-erwehnten Wunder=Tag / O nie-gesehne Sach! ein Jungfrau-Mutter wieget denselben / der doch selbst die Hauptbewegung ist. Er hat zur lieg

Das Münchner Seminarikindl, eine Herz-Jesu-Darstellung; Kupferstich, 18. Jh.

statt ihm ein spannbreit Ort erkiest. Der / so die Erd' umspannet / ietzt in der Krippen lieget. Er lässt den Himmels=Saal / und sich in Stall herfüget. Ach mein Herz! Daß Du nicht stat seiner Windeln bist / und Lieb-verbindlich stark umfängest Deinen Christ! Ach daß ich ihn ein mal in meine Arme krieget! Ach Ochs und Esel / weicht und lasst mir euren Platz! Daß ich bedienen kan den kleinen Tausend Schatz.«

Wenn man um die Glaubenswelt, die diesem Christkindl, diesen Trösterlein den Weg bereitet hat, wissen will, gerät man in das Spannungsfeld zwischen Glauben und Wissen. Es hat ja auch Zeiten gegeben, in denen die Kirche in die Versuchung geraten ist, Geheimnisse des Glaubens erklären zu wollen. Wäre dem nicht so, gäbe es die Theologie als Wissenschaft wohl nicht. Gerade in unseren Tagen ist uns solch ein Bestreben nicht gar so fremd. Dabei steht auch dem Frömmsten beim Glaubenwollen immer wieder einmal der Verstand im Weg. Schließlich bräuchten wir ja nicht mehr zu glauben, wenn wir wissen dürften. Man redet auch heute von der Offenbarung und sollte dabei auch von einem Geheimnis, von einem Mysterium sprechen. Aber all das läßt sich halt mit rationalen Argumenten nach der Art der exakten Wissenschaft nicht beweisen. Fast möchte man sagen: Gott sei Dank!

Wir reden heute diskussionsfreudig, daran gewöhnt, alles zu zerreden, überlegen-kühl oder ärgerlich-ablehnend von Gott. Um wie vieles ärmer sind wir gegenüber den Menschen von damals, die Glauben nicht erlernt, sondern erfahren haben, die gar in der Lage waren, ihrem Herrgott ekstatisch zu begegnen, hingerissen von ihm, wie »außer sich von Gott«. Unsere Zeit hat für Äußerungen religiöser Gefühle nicht allzuviel übrig. Wie leicht, fast selbstverständlich wird die Rückbesinnung auf eine beschauliche, fromm betuliche Innigkeit und Innerlichkeit gedanken- oder verständnislos als lächerlich, geschmacklos, peinlich oder gar lästerlich abgetan. Als ob sich Wege zum Glauben an Fragen des Geschmacks messen ließen.

Mögen uns heute Visionen dieser Art fremd geworden sein, so waren sie für Menschen unbefangenen, einfältig tiefen Glaubens eine Gnade. Unseren Zeitgenossen kann man in diesem Zusammenhang eigentlich nur sagen, daß wahre Einfalt eine Gnade sein kann, aber Dummheit nie.

So sei noch ein Mann zitiert, der wahrlich nicht in den Verdacht steht, ein weltfremder Schwärmer gewesen zu sein: Martin Luther. Wenn er schreibt, wie man dem Kind begegnen soll, so haben diese Gedanken letzten Endes ihre Wurzeln auch in den Gesichten mittelalterlicher Menschen, bei denen eben nicht allein das Abbild Bedeutung hat, sondern die lebendige Erscheinung selbst. Die Erscheinung, die für den Betroffenen glückliches, aber auch erschütterndes Erlebnis ist, ist für Zweifler allerdings seit eh und je nur ein Traum, der für wahr gehalten wird, aber nicht wahr ist.

»Ich habe oft gesagt und sage es noch: wer Gott erkennen und ohne Gefahr von Gott spekulieren will, der schau in die Krippe, heb' unten an und lerne ernstlich erkennen der Jungfrau Maria Sohn, so der Mutter im Schoß liegt und sauget – danach wird er fein lernen, wer Gott sei. Und hüte Dich ja vor den hohen und fliegenden Gedanken, hinauf in den Himmel zu klettern ohne diese Leiter, nämlich den Herrn Jesus in seiner Menschheit; und laß Dich die Vernunft nicht davon abführen: so ergreifest Du Gott recht!«

Ein Wort voraus

Die folgenden Beiträge sind entstanden, weil immer wieder der Wunsch nach Adventsabenden außerhalb von kirchlichen Andachten laut geworden ist. Texte sollten Gesang und Musik begleiten. Da aber die bayerische Literatur an dafür geeigneten Geschichten nicht allzu reich gesegnet, die »Heilige Nacht« von Thoma schon recht verbraucht ist, die Texte aber nicht zu gefühlsbetont oder gar rührselig sein sollten, ist der Gedanke aufgekommen, sich einmal bei Christkindl-Wallfahrtsstätten umzusehen, bei Gnadenbildern, die der Theologe »Kind-Jesu-Darstellung« nennt, und die man im Volk landauf, landab Christkindl heißt. Sie erzählen von Geschichte und Geschichten über Jahrhunderte weg, von Legende, von Volksbrauch, von Zeiten, in denen der Glaube noch hat Berge versetzen können, und sie sind zudem ein liebenswürdiges, kulturgeschichtliches Zeugnis für das Leben unserer Vorfahren. All diese Geschichten haben das Gute, daß sie laufend von Christkindln erzählen, aber es wird dabei nie Weihnachten, denn den Heiligen Abend sollte man in der Adventszeit doch nicht vorwegnehmen.

Wallfahrten zum Christkind gibt es, gemessen an den vielen anderen Gnadenstätten, nur wenige, aber es sind doch so viele, daß man nicht von jeder erzählen kann. So ist eine Auswahl von den Gnadenkindln daraus geworden, die über ihre engere Umgebung hinaus bekannt geworden sind.

Der Bambino

Wenige Jahre nach dem Zweiten Weltkrieg, als die Menschen zaghaft begonnen haben, wieder auf Reisen zu gehen, hat sich der Leiter eines bayerischen Museums auf den Weg nach Rom gemacht. Da ist neben ihm im Pilgerzug eine Bäuerin aus dem Oberland gesessen. Sie hat eine Tasche auf dem Schoß gehabt, hat sie geöffnet und ihm ein kleines Bündl Briefe gezeigt, Briefe von Freunden und der Bekanntschaft an das Christkindl in Aracoeli. Auf der Heimfahrt haben sich die beiden wieder getroffen und die Bäuerin hat erzählt, wie sie mitten in Rom gestanden ist und nicht mehr hat sagen oder fragen können als »Christkindl aracoeli«, bis sie dann ein Mann unter dem Arm genommen und nach Aracoeli geführt hat, hin zum Christkindl, zum Bambino. Und dort auf den Altar, auf dem schon viele, viele Briefe gelegen sind, hat sie ihr Briefbündel mit den Anliegen oberbayerischer Verehrerinnen auch noch hingelegt.

Es mag um 1970 gewesen sein, als die Fischbachauer Sängerinnen nach Rom gefahren sind. Als ich sie nach ihrer Rückkehr getroffen und gefragt habe, ob sie auch beim Bambino, bei dem berühmten Christkindl, gewesen sind, haben sie gelacht: »Freilich sind wir in Aracoeli gewesen. Vor dem Christkindl haben wir auch gesungen. In der Kirche ist fei gut singen, die hat a schöne Akustik.« Im Lauf vieler Jahre haben andere Singgruppen ebenfalls den Weg vor den Bambino gefunden, folglich hat er auch so manches altbayerische Krippenlied gehört.

An der Stelle, an der das berühmte Christkindl, der Bambino, in Aracoeli verehrt worden ist, spielt schon eine Legende; eine Legende, die zwar mit dem Gnadenbild unmittelbar nichts zu tun hat, die aber doch in einem ganz bestimmten Zusammenhang mit diesem Ort steht.

Jacobus de Voragine, ehedem ein Pater vom Orden der Minderen Brüder, später Erzbischof von Genua, um 1230 geboren und 1298 gestorben, erzählt in seiner Legenda aurea von diesem Geschehen. Dabei bezieht er sich auf den Papst Innozenz III. Er erzählt von den römischen Senatoren, die die Macht des Kaisers sehen: ». . . da die römischen Senatoren ansahen die Gewalt Octaviani des Kaisers«, so heißt es bei Jacobus de Voragine, »wie er alle diese Welt unter der Römer Herrschaft hatte gebracht, da gefiel er ihnen also wohl, daß sie ihn ehren wollten als einen Gott. Nun erkannte der weise Kaiser, daß er ein sterblicher Mensch war und wollte so den Namen eines unsterblichen Gottes nicht annehmen. Da sie aber nicht aufhörten, ihn mit Ungestüm zu drängen, rief er Sibylla, die Weissagerin, herbei, und begehrte . . . zu wissen, ob je ein Mensch auf Erden würde geboren werden, der größer sei als er . . .« Die Weissagerin kommt zum Kaiser und da geschieht ewas Sonderbares. Oktavian hat alle seine Räte zusammengerufen, sie stehen schweigend und erwartungsvoll um ihn herum, während die Weissagerin und Hellseherin Sibylla in der Kammer des Kaisers bei ihrem Orakel ist.

Es ist um die Mittagsstunde, bei klarem blauem Himmel, da erscheint um die Sonne ein weiter, strahlend goldener Kreis. Und mitten in diesem Kreis sitzt eine liebliche Jungfrau in rotem Gewand und mit einem weiten lichtblauen Mantel, einem goldenen Schein um das Haupt. Auf ihrem Schoß hält sie ein Kind, nackt und bloß, und der Schein um dieses Kind ist blendender als die Sonne. Zu ihren Füßen aber befindet sich ein Altar. Das sehen der Kaiser und seine Räte, das sieht aber auch Sibylla, die Weissagerin, in der Kammer des Kaisers. Alle sind erschrocken, schauen verwundert auf dieses Bild und alle hören eine Stimme, laut, deutlich, fremd hallend: »Dies ist ein Altar des Himmels.« Eine gute Zeit traut sich niemand ein Wort zu sagen, alle schauen gebannt auf diese Vision oder sie schauen sich ratlos an. Dann spricht Sibylla zu Oktavian: »Siehe, dies Kind, Kaiser, ist größer denn du, darum auch sollst du es anbeten!« Da fällt der Kaiser auf seine Knie, um dieses Bild der Muttergottes zu verehren, die kaiserlichen Räte tun es ihm gleich und mit ihnen die Weissagerin Sibylla.

Als das alles geschehen war, wurde die Kammer des Kaisers geweiht »in unserer lieben Frauen Ehre«, wie es in der Legenda aurea des Jacobus de Voragine heißt: »... und heißet noch jetzt Sancta Maria Ara coeli«. Der Kaiser Oktavian erkennt, daß dieses Kind größer ist als er und opfert ihm Weihrauch und will fortan nicht mehr ein Gott geheißen werden. Keiner seiner Räte aber ist von dieser Stunde an mehr auf den Gedanken gekommen, dem Kaiser anzutragen, er solle sich als ein Gott ehren lassen. Das alles aber war geschehen am Tag nach der Nacht, in der den Hirten auf den Feldern von Bethlehem der Engel erschienen ist, in der sie zu dem Stall gelaufen sind, zu dem göttlichen Kind in der Krippe, zur Mutter Gottes und dem heiligen Joseph zwischen Ochs und Esel, wo die Engel das Gloria in excelsis Deo gesungen haben, so wie es im zweiten Kapitel des heiligen Evangelisten Lukas verzeichnet ist: »... und alsbald war da, bei dem Engel die Menge der himmlischen Heerscharen, die lobten Gott und sprachen: Ehre sei Gott in der Höhe und Friede auf Erden und den Menschen ein Wohlgefallen. Und da die Engel von ihnen gen Himmel fuhren, sprachen die Hirten untereinander: Laßt uns nun gehen gen Bethlehem und die Geschichte sehen, die da geschehen ist, die uns der Herr kund getan hat...«

Die Legenda aurea berichtet auch, was Orosius, der römische Historiker aus Spanien, um 1420 schreibt: »Zur Zeit Octaviani des Kaisers, etwa um die dritte Stunde, erschien bei klarem, heiterem Himmel ein Kreis um die Sonne wie ein Regenbogen, gleich als komme der, der die Sonne und die Welt und alles erschaffen hatte und regiere.« Dasselbe schreibt um 360 auch Flavius Eutrophius, der römische Schriftsteller und kaiserliche Geheimschreiber in Konstantinopel in seiner römischen Geschichte. »Thimotheus aber der Geschichtsschreiber spricht, daß er in den alten Historien der Römer hat gefunden, daß Octavianus im 35. Jahre seiner Herrschaft feierlich hinaufstieg auf das Capitol und die Götter mit großer Sorge fragte, wer nach ihm über das Reich herrschen werde. Da hörte er eine Stimme, die sprach: ›Ein himmlisch Kind, ist sonder Zeit erzeugt aus dem lebendigen Gott und soll über kurze Zeit von einer reinen Jungfrau geboren werden, Gott und Mensch ohne Makel.‹ Da der Kaiser das vernahm baute er daselbst einen Altar und schrieb darauf. ›Dies ist der Altar des Sohnes, des lebendigen Gottes...‹«

Bleiben wir bei Aracoeli. Ein schöner Name. Aracoeli, Altar des Himmels. Ein Name, der dem Gottessohn als kleinen Buben, dem Bambino, dem Christkindl, angemessen ist. Nun möchte man meinen, daß das Christkind, wenn schon nicht seit den Zeiten des Kaisers Oktavian, so doch seit unvordenklichen Zeiten in Santa Maria Aracoeli verehrt wird. Aber es ist hier wie bei so manchem Gnadenbild, das innerhalb einer längst bestehenden Kirche verehrt wird: Man interessiert sich für die Herkunft, für die Geschichte eines solchen Bildes erst, wenn es längst seine Verehrung gefunden hat. Und dann ist es oft schwer genug, Ursprung und Herkunft zu ergründen. So ist es auch bei dem »Santo Bambino di Ara coeli«. Wiederholt bemühen sich Franziskaner um die Geschichte ihres Gnadenbildes, aber keiner stößt auf ältere Spuren, in den Klosterarchiven Roms nicht, in den Archiven in Jerusalem genau so wenig. Alle beklagen den Mangel an frühen Quellen, die »teils die Ungunst der Zeiten, teils die Sorglosigkeiten unserer Vorfahren . . . vernichtet haben«.

Ein paar Hinweise sind aber doch gefunden worden. So zum Beispiel ein Verzeichnis der Reliquien des Klosters vom November 1629, in dem auch der Bambino genannt ist, eine Chronik des Klosters aus dem Jahr 1591, in der er ebenfalls erwähnt ist, und ein Manuskript aus dem Jahr 1581, das im Archiv des Franziskanerkonvents von San Isidor in Rom erhalten ist. Darin ist, wie es Franziskaner gerne tun, auf die bekannte Krippenfeier ihres Ordensvaters am Heiligen Abend 1223 in der Höhle von Greccio Bezug genommen.

»Dieses Wunder wurde so berühmt, daß man in Italien die Krippe nicht nur in unseren Konvent aufstellte, sondern auch in den Regularkirchen. Insbesondere hier in Rom stellt man sie in Santa Maria di Aracoeli auf, der Kirche des frühesten Konventes in Italien. Und da ist ein großer Zulauf des Volkes, das es unterläßt, nach Santa Maria Maggiore zu gehen, wo die wahre Krippe des Jesuskindleins ist, um die des genannten Konventes zu besuchen. Um dieses Ruhmes Willen sei eine Begebenheit nicht verschwiegen, . . . eine Begebenheit, die sich im benannten Konvent eines Jahres begab, als da die Krippe und dahinter ein Jesuskindlein mit den üblichen Zeremonien aufgestellt wurde. Dieses stand nun so schön und so wohlgekleidet, so geschmückt da, aber auch so graziös nackt, daß eine römische Signora sich so sehr in dieses Kindl verliebte, daß sie es ohne zu zögern und von niemanden gesehen an sich genommen und nach Hause getragen hat.« Mehr als sechs Jahre habe sie es behalten, niemand habe darum gewußt. Alle Nachforschungen waren vergeblich. Gebeichtet hat sie ihr Tun natürlich auch nicht.

Eines Tages wird sie krank, und weil sie fürchtet, diese Krankheit hänge bestimmt mit dem Diebstahl zusammen, ruft sie den Beichtvater, gesteht ihm, was sie getan, und zeigt ihm das Kind. Als der Pater »das Jesuskindlein sah, das ein heiliger Bruder von Jerusalem gebracht hatte, und das gemacht war aus dem heiligen Holz des Ölberges und getauft im Jordanwasser durch die Hände eben dieses Mönches. Der Beichtiger ließ es sich zurückgeben. Es war ja so nötig für die Gestaltung des Weihnachtsfestes. Kurz, die genannte Signora gab das Jesuskindlein zurück, beladen mit den Juwelen, die sie ihm geschenkt hatte. Und sie wurde wieder gesund. Die Brüder aber setzen den Bambino von nun an alle Jahre in der Kirche, in der Krippe aus, und da läuft nun das ganze römische Volk hinzu.«

Mit der Zeit wird dieser Bericht, diese Geschichte entsprechend ausgeschmückt. So schreibt 1721 ein Pater Giuseppe Patrignani, es sei das Gerücht gegangen, daß dieses heilige Bild, als es geraubt gewesen war, von selbst zurückgekehrt sei, um sich dort hinzulegen, von wo es geraubt worden war. Die Glocken von Aracoeli hätten sogar zu ganz ungewöhnlicher Zeit, ohne menschliches Zutun geläutet, um den Brüdern des heiligen Franziskus zu künden, daß der Bambino auf geheimnisvolle, wunderbare Weise glücklich heimgekehrt ist. Der Gedanke, daß er so lang von Aracoeli weggeblieben sei, daß er gar sechs Jahre in der Krippe gefehlt hat, war mit ihren Vorstellungen sichtlich nicht vereinbar. In der Festschrift zur Fünfzigjahrfeier der Krönung des Bambino durch das vatikanische Kapitel,

Der Bambino von Ara coeli; Radierung, um 1800

1974, heißt es: »Während der sechsjährigen Abwesenheit unseres Bambino, den man alljährlich für die Krippe in der Zeit vom Weihnachtsfest bis Epiphanias brauchte, werden die Brüder sicher daran gedacht haben, ihn durch ein anderes Kindl zu ersetzen. Als aber die originale Statuette zurückgegeben war, war dieses Exemplar überflüssig. Es wurde nach der Legende dem Franziskanerkonvent von Giulianello bei Cori geschenkt, nach dessen Schließung ging es weiter an die Pfarrkirche des Ortes, wo es noch aufbewahrt wird.«

Die Legende von dem heiligmäßigen Bruder, der dieses Bild aus dem Holz eines Ölbaums vom Garten Gethsemane geschnitzt und im Jordan getauft haben soll, ist bis in unsere Zeit vergessen gewesen, wie auch das Schreiben des spanischen Paters, der davon erzählt. Dafür hat man sich andere Legenden von diesem Christkindl erzählt. So heißt es in einer Schrift aus dem Jahr 1647, daß das heilige Bild auf wunderbare Weise von der göttlichen Vorsehung bemalt worden sei, daß es ausgesehen und sich angefühlt habe wie ein lebendiges Kind. An anderer Stelle wird berichtet: Als der Bruder, der das Bild geschaffen hat, mit seinem Werk auf der Fahrt vom Heiligen Land nach dem Westen war, sei weit draußen auf dem Meer ein furchtbarer Sturm losgebrochen, das Schiff dabei in Seenot geraten, die Masten zerbrochen und die Segel zerrissen. Haushohe Wellen seien über dem Schiff zusammengeschlagen und hätten Lasten vom Schiff heruntergespült, darunter auch die Kassette, in der das Bild des Santo Bambino verwahrt gewesen ist. Was mit dem Schiff geschehen ist und mit dem Franziskanerbruder, das erzählt die Legende nicht, aber die Kassette mit dem Bambino habe, auf wunderbare Weise von den Wellen getragen, die Küste des Tyrrhenischen Meeres, des Meeres südlich von Rom erreicht, wo bereits eine Menge von Brüdern und Gläubigen am Ufer gewartet habe, um das göttliche Kind in Gestalt dieses Bildes würdig zu empfangen.

Wann ist nun dieses Bild des Santo Bambino in jene altehrwürdige Kirche auf dem Kapitol in Rom gekommen? Wir wissen, daß schon 1591 der Santo Bambino mit vielen kostbaren Juwelen behängt gewesen ist, die man, zusammen mit denen der Madonna, für Bedürfnisse der Kirche verkauft hat. Das ist doch ein bemerkenswerter Kult, der immerhin vermuten läßt, daß die Verehrung des Bildes Jahre vor 1591 längst eine Selbstverständlichkeit ist. Und wenn der spanische Franziskanerpater Juan Francisco Nuno 1581 von dem Diebstahl des Bambino erzählt, von den sechs Jahren in einem fremden Haus, dann muß das eben Jahre vor 1581 gewesen sein. In dem kleinen Buch des Paters Patrignani von 1721 heißt es in einer Notiz, daß es im Klarissinenkloster in Florenz ein Christkindl gäbe, das laut Überlieferung »in derselben Zeit und nach demselben Modell gemacht« ist »wie der Santo Bambino von Aracoeli in Rom«. Als ein Teil des Florentiner Klosters 1523 abbrennt, rettet die Schwester Bernardina Rondinelli diese Christkindlfigur vor den Flammen. Das wiederum würde bedeuten, daß es den Bambino mindestens um einige Jahre früher als 1523 in Aracoeli gegeben haben muß.

In dem schon genannten Reliquienverzeichnis von 1629 ist von einem vergoldeten Holzkasten die Rede, in dem der Bambino verwahrt wird, was hinwiederum bedeuten könnte, daß er nur zur Weihnachtszeit verehrt worden ist. In einem Manuskript von 1647 ist erstmals festgehalten, daß der Bambino vom Weihnachtstag bis zum Epiphaniasfest, bis Dreikönig also, in der Krippe ausgestellt war. 1651 heißt es, »daß die Ausstellung statt hatte in der Weihnacht ›a Matutino‹«, also während des nächtlichen Stundengebetes, und bis an Epiphanias gegen halb zwölf Uhr in der Nacht gedauert hat. Das Kind wurde in feierlicher Prozession zur Krippe getragen und ebenso eingeholt. In einem alten Manuskript ist die Weihnacht von 1676 geschildert: ». . . am Anfang der feierlichen Messe in einer Menge Volkes nahe der Krippe, steckte ein Taschendieb die Hand in den Rock eines Nachbarn, der das bemerkte. Und als jener ihm unverschämt antwortete, daß er ein ›Galantuomo‹ sei, ein gut aussehender Mann sei, sagte der ihm nachsichtig, er möge ruhig sein und gehen«. – Der Dieb aber wird noch unverschämter, erklärt, daß er gar nicht daran denke. Er bleibe, er sei kein Räuber. Er dreht den Spieß um und pöbelt den anderen an: Wenn einer ein Räuber sei, dann der andere. Da reißt diesem aber die Geduld, er zieht aus und gibt dem Besagten eine schallende Ohrfeige. Der aber zückt ein Messer, sticht zu und verwundet den anderen mit einem Stich in den Bauch. Der Bericht schließt: »Als sich der verwundet fühlte, legte er die Hand auf die Wunde und ohne zu jammern oder irgend einen Lärm zu machen, ging er aus der Kirche, um sich von einem Arzt behandeln zu lassen.« Der Arzt benachrichtigt den Generalvikar und der entscheidet, daß am Stephanstag, dem 26. Dezember, die Kirche neu konsekriert wird, »des Blutes wegen, das hier vergossen worden ist«.

Seit dem Beginn des 18. Jahrhunderts wird der Bambino nicht wie ehedem zur Matutin zur Krippe getragen, sondern wenn der Diakon das Evangelium der dritten Messe des Weihnachtsfestes singt. Und daß diese Prozession an Epiphanias mit großem Pomp veranstaltet worden ist, mag man einer Notiz aus dem Jahr 1670 entnehmen: »Januar am 6. Epiphanias Gelegenheit den Santo Bambino auszustellen. Und deshalb wird mit Böllern geschossen«.

Bei der großen Verehrung, die der Bambino längst genießt, nimmt es auch nicht Wunder, daß sich die kostbaren Geschenke, die ihm dargebracht werden, anhäufen. Schon die Chronik von 1647 berichtet, daß »das ganze Volk stets kostbare Schmuckstücke schenkte und Edelsteine und jederzeit reichste Opfer darbrachte«. Nun haben die vielen Kostbarkeiten einem Bettelorden sicher etwas Kopfzerbrechen gemacht. So mag man im Kloster auch einmal auf den Gedanken gekommen sein, davon etwas zu

Der Bambino in der großen Weihnachtskrippe von Ara coeli

23

verkaufen und sich in Zeiten der Not damit zu helfen. Jedenfalls hat Papst Clemens XI. auf Bitten des Provinzialministers am 16. Dezember 1720 den Franziskanern verboten, auch nur irgend ein Stück und sei es das geringste zu verkaufen oder abzugeben; irgend ein Stück der »Gemmen und kostbaren Steine und der anderen Geschenke in Gold und Silber, der Kleider und Schmuckstücke, Votive von hohem Wert, des Santo Bambino«, und das unter Androhung schwerster geistlicher Strafen. Der Papst hat auch gefordert, daß eine Kopie dieses Verbots in der Sakristei angebracht wird.

Im Jahr 1736 hat ein Pater Casimiro den Schatz des Kindes beschrieben. Er schildert, daß der Bambino zur Zeit über und über mit Smaragden, Saphiren, Topasen, Amethysten, Diamanten und anderen kostbaren Schmuckstücken behangen ist. Darunter sei eine Verschnürung aus fünf Teilen mit 162 Diamanten im Wert von 580 Scudi, geschenkt vor wenigen Jahren von einer Person, welche ihren Namen verborgen wissen wollte.

Mögen sich die Brüder des heiligen Franziskus in Aracoeli auch an das Verbot des Papstes gehalten und die Schätze des Kindls treu verwahrt haben, so hat das am Ende gar nichts geholfen. Die napoleonischen Kriege verschonen auch den Bambino nicht. Wieder einmal stehen französische Truppen in Italien. 1798 rücken sie in Rom ein und führen den Papst, Pius VI., als Gefangenen nach Frankreich. Französische Soldaten besetzen auch das Kloster auf dem Kapitol. Sie plündern – auch wenn es sonst bei Franziskanern nichts zu plündern gibt – den Schatz des Bambino, die Geschenke, die Gläubige dem Marienbild dargebracht haben, Reichtümer, die man auf 49 000 römische Scudi geschätzt hat. Sogar das Kindl selbst wollen sie zu Geld machen. Ein Bürger von Rom, Severino Petrarca, kann den Bambino erwerben. Er trägt ihn zu den Klarissen des Klosters St. Cosimato. Man schreibt den 24. Januar 1797. Und dort bleibt das Gnadenbild fast zwei Jahre. Erst am Weihnachtsfest 1799 wird der Santo Bambino wieder in Aracoeli ausgestellt, ohne Schmuck, ohne die Krippe, in der Kapelle des heiligen Franziskus, denn sie hat bei der Besetzung durch die französischen Soldaten am wenigsten gelitten.

Ferdinand Gregorovius, der berühmte Kunsthistoriker, erlebt im vorigen Jahrhundert die Weihnachtszeit in Rom und kommt mit Freunden, denen er Rom zeigt, auch nach Aracoeli. Im ersten Band seiner 1853 erschienenen »Wanderjahre in Italien« erzählt er davon: »Ich wollte nun meine Freunde in das Volkstheater auf die Piazza Navona führen, aber ich höre die Stimme eines predigenden Kindes, und diese lockt mich in die alte schöne Basilika Ara Celi auf dem Kapitol. Dort predigen Vormittags und Nachmittags kleine Kinder, Buben und Mädchen, mehr als eine Woche lang bis zum Fest der heiligen drei Könige, an dem die Kinderpredigten endigen. Aus einem Marionettentheater ist es kein weiter Sprung zu einer Predigt kleiner Mädchen von sechs oder acht Jahren. Auch ist der Mittelpunkt dieser Schauspiele eine Puppe, eine mit Edelsteinen und flimmernder Krone reich gezierte, der heilige Bambino von Ara Celi.

In der Kapelle dieser Kirche ist die Grotte zu Bethlehem und die Verehrung der drei Könige vom Morgenlande auf das zierlichste dargestellt; es sind Wachsfiguren mit Staffagen von Schäferei und landwirtschaftlichem Zubehör. Die Jungfrau sitzt in der Grotte und hält auf ihrem Schoß den Bambino, welchem die Könige die Geschenke kniend darreichen. Draußen kniet am Pfeiler eine stattliche Figur im scharlachnen Mantel; mit türkischen Pantalons und einem Kopfbunde; anbetend hält sie die Arme zum Bambinello erhoben. Ihr gegenüber steht an dem andern Pfeiler ein großes und erhabenes Weib, welches dem knienden Halbtürken das Jesuskind zu zeigen scheint. Dieser Halbtürke ist kein anderer als der Kaiser Augustus, und das Weib ist die Sibylle.

Der Bambino von Ara coeli

So hat man hier die Sage dargestellt, daß die Seherin dem Octavian in einer Vision das Jesuskind gezeigt habe, welches in die Welt gekommen sei, sie zu beherrschen. Sie ist eine der tiefsinnigsten Legenden des Christentums.

Der Grotte gegenüber steht auf der andern Seite des Kirchenschiffes ein Predigtpult, auf welches Kinder im Alter von sechs bis zu zehn Jahren steigen, eins nach dem andern, jedes etwa fünf Minuten lang predigend, und das geht etwa zwei Stunden vor einigen tausend Menschen so fort.

Ein kleiner hübscher Junge stieg zuerst auf das Pult, schlug ein Kreuz und fing mit Gebärden, wie Kinder handbewegend zu deklamieren pflegen, eine wohlgesetzte Predigt von dem in die Welt gekommenen Heile an. Sein Nachfolger, ein größerer Knabe im Chorhemd, verstand es noch besser. Er schrie mit komischem Pathos, donnerte seine Predigt gleich einem Kapuzinermönch herunter und gestikulierte trotz einem tragischen Schauspieler. Man sah ihm an, daß er ein angeborenes Talent zur Mimik besaß; kam in seiner Predigt das Wort Kopf vor, so faßte er nachdrucksvoll nach dem Kopfe, Auge, nach dem Auge, Ohr, nach dem Ohr. Als er einmal Harfenspiel sagte, machte er sofort mit beiden Händen die Griffe eines Harfenspielers. Diese kindliche Art, mit der Mimik die Dinge selbst in ihrer Leiblichkeit zu geben, fand den lebhaftesten Beifall bei allen Zuhörern, welche die Predigt teils andächtig aufnahmen, weil Kinder die Wahrheit sagen, teils sich an ihr vergnügten wie an einem Marionettenspiel.

Keines der Kinder war im mindesten verlegen, die meisten schienen stolz zu sein, daß sie vor Tausenden sprechen durften, und mit dem zunehmenden Sicherheitsgefühl nach überwundenem Anfange schwoll ihre Stimme immer höher und wurden ihre Gebärden immer theatralischer. Mancher Redner vor dem Parlament würde sich die Unbefangenheit eines solchen predigenden Kindes zu wünschen Ursache haben, und nur wenige möchten ein so großes, aus vielen Nationen zusammengesetztes Publikum vor sich sehen, als hier in Ara Celi.

Auf die Knaben folgten Mädchen, zierliche kleine Fräulein mit Locken, im Federhütchen und im atlasnen Jäckchen. Sie machten einen Knicks, schlugen ein Kreuz und begannen ihre Predigt. Es ist seltsam genug zu hören, wenn ein so kleines Ding von der Sünde Adams spricht, die der Herr von uns genommen hat, von dem Glauben an das Heil und das Wort, welches Fleisch geworden ist durch Jesum Christum, und von dessen Opfertod, wodurch er die Menschheit gereinigt hat. Es ist nicht anders, als ob die Puppen auf der Montanara zu reden anfangen und die kleinen Marionettenpaladine mit dem ernstesten Pathos ungeheure Dinge sagen, zur Ehre Christi gegen die Mohren das Schwert ziehen und die gesamte Heidenschaft herausfordern, oder als ob die Marionettendämchen in Federhut und Mäntelchen in die herzbewegendsten Deklamationen ausbrechen und bei den Sternen ewige Liebe schwören. Betrachtet man diese predigende Kinderwelt, so möchte man glauben, daß auch ihre Predigten und die Dinge, welche sie darin sagen, marionettenhaft sein müssen, und daß es sich hier um einen ganz kleinen Puppenkultus und kleine Gefühle handelt, die der Zuhörer mit dem Mikroskop besehen muß. Aber dem ist keineswegs so; es sind vielmehr sehr gewichtige Predigten im großen Stil, und keiner fehlt der grundgelehrte Anstrich der Zitate. Und so hört man fast ein jedes Mädchen, unter denen auch Kinder von sechs Jahren predigen, einzelne Glaubenswahrheiten durch Anführung von Kirchenvätern bekräftigen und sagen: So sagt der heilige Paulus, cosi dice San Bernardo, dice Sant'Agostino, und so sagt der heilige Tertullian.

Ich glaube, irgendwo steht geschrieben: ›Wenn die Propheten schweigen, werden die Kinder reden, und wenn die Kinder schweigen, werden die Steine sagen: Amen!‹ Geschahen doch selbst Wunder in Bremen, wo die Tische anfingen zu wandeln. Aber der ernste und wahrhaft religiöse Mensch wendet sich mit Erstaunen von diesem Kinderkultus in Ara Celi und überdenkt die Metamorphosen des Christentums. Was würden Paulus und Petrus sagen, träten sie in jene Kirche und sähen sie, was aus ihrer Predigt geworden ist! ... Die Kinder nun, die das Jesuskind im Schoße der Maria wie ein Püppchen anlächelten, knieten am Schluß ihrer Predigt nieder und richteten ein Gebet an den Bambinello. Ein kleines Mädchen betete also: ›Allerliebstes kleines Knäblein, schlag' doch deine kleinen Augen auf und wirf auf uns Sünder einen Blick der Gnade.‹

Das Ansehen, welches der Bambinello von Ara Celi in Rom genießt, ist sehr groß, es hängt mit einer Legende zusammen. Eines Tages, es war vor vielen Jahren, verliebte sich eine junge Engländerin in ihn bis zum Sterben. Täglich besuchte sie die Kirche, täglich wuchs ihre Sehnsucht, endlich beschloß sie, den Kleinen zu entführen. Sie verfertigte heimlich einen ähnlichen Bambino, einen Wechselbalg, trug ihn in die Kirche und vertauschte ihn mit der echten Puppe, welche sie mit sich nach Hause nahm. Aber in derselben Nacht fingen alle Glocken im Kloster und in der Kirche Ara Celi von selbst zu läuten an, die Mönche stürzten heraus und fanden den entführten Bambino mit gebogenem Knie an der Türe stehen, im Begriff sie aufzustoßen, denn er hatte sich aus den Gemächern der Engländerin auf und davon gemacht. Das ist die Legende vom Bambino in Ara Celi. Seitdem kam er in große Liebe, und oft genug kann man ihn in seiner Kutsche fahren sehen, wenn er Krankenbesuche macht. Auch in der jüngsten Revolution Roms spielte er eine Rolle ...

Seht, die große Prozession setzt sich in Bewegung, sie holt den Bambino aus dem Schoß der Muttergottes, führt ihn durch die Kirche und auf die große Treppe, wo er dem Volk gezeigt wird; und dann kehrt sie zurück, um den Bambinello zu verschließen. Es sind prächtige Köpfe unter den Franziskanern in Ara Celi, Gesichter, die in der Kutte stecken, wie ein halb eingesunkener Grabstein von römischem Travertin in der Erde steckt mit verwischter Lapidarschrift; andere sind eherne Köpfe, Dickköpfe wie Claudius und Fettgesichter gleich Nero. Die Kinderpredigten sind zu Ende.«

Auch William Wetmor, ein Zeitgenosse von Gregorovius, schildert die Weihnachtstage in Rom. Im 1887 erschienenen »Roba di Roma« beschreibt er unter anderem einen Besuch in Aracoeli in den Weihnachtstagen. Er war Bildhauer, einer jener Gruppe von klassizistischen Bildhauern aus Nordamerika, die während des 19. Jahrhunderts in Italien tätig gewesen sind. Er hat sich 1856 endgültig in Rom niedergelassen und ist 1895 in der Villa seiner Tochter, der Marchesa Peruzzi de Medici, im Alter von 76 Jahren gestorben. Wetmor schreibt: »Für den Heiligabend ist in verschiedenen Kirchen eine Krippe aufgebaut worden. Die großartigste befindet sich in der Kirche S. Maria in Aracoeli, wo das wundertätige Jesuskind aufbewahrt wird. Sie bleibt von Weihnachten bis Dreikönig stehen; während dieser Zeit wälzen sich die Massen in die Kirche, um den Bambino zu sehen, und es lohnt sich tatsächlich. Die Hauptbedeutung von Krippe ist ›Futtertrog‹, aber in der Kirche benutzt man den Namen dazu, um eine Darstellung der Geburt Christi zu bezeichnen. In der Basilika Aracoeli nimmt diese Darstellung eine ganze Seitenkapelle ein.

Die allgemeine Wirkung dieser szenischen Schöpfung ist wunderbar, und die Menge strömt dort herbei und drängt sich den ganzen Tag davor. Mütter und Väter heben ihre kleinen Kinder so hoch wie möglich und so lange, bis ihre Arme nicht mehr mitmachen; die kleinen Mädchen drängen sich mit Ellenbogenstößen nach vorn, sie flüstern und starren voller Entzücken; die Bauern betrachten die Krippe offenen Mundes, mit stummem Erstaunen, gemischt aus Bewunderung und Frömmigkeit; während die Engländer mit lauter Stimme den Wert der Juwelen diskutieren.«

Christkindl aus dem Kloster Andechs

Das Christkind der Margarete Ebner in Maria Medingen →

Dann schildert William Wetmor natürlich auch die Kinderpredigten. Er erzählt von dem Trubel an den Nachmittagen auf der Freitreppe hinauf zur Kirche. Sie ist voll von fliegenden Händlern mit »Marianischen Andachtsgegenständen. Sie breiten die letzteren auf den Stufen aus ... Inzwischen drängen sich Frauen, Kinder, Priester, Bettler, Soldaten und Bauern die Treppe hinauf und hinunter, ... abgezehrte und runzelige alte Weiblein schleppen sich mit unsicherem Schritt voran, während sie ihre Wärmeöfchen voller Holzkohle unter dem Arm tragen; sie fallen auf die Knie, um zu beten, und wenn jemand an ihnen vorbeigeht, halten sie in ihren Gebeten ein und bitten um eine milde Gabe ... bei festlichen Anlässen wie Weihnachten trägt der Bambino ein Krönchen, das wie die Tiara des Papstes glänzt. Die Menge betet das Jesuskind, das in der Weihnachtsdarstellung auf die Arme der Madonna gebettet ist, bis Dreikönig an. An diesem Tag zieht nach der Feier einer Messe eine Priesterprozession, begleitet durch eine Musikkapelle, durch die Kirche bis zur Krippe, wo der Bischof mit großer Feierlichkeit den Bambino aus den Armen seiner Mutter nimmt. In diesem Augenblick bricht die Musik in einen Triumphmarsch aus, einen Jubelgesang auf die Geburt Christi. Dann wird er aus der Kirche bis zu der großen Treppe getragen. Hier hebt der Bischof den Bambino in die Höhe und zeigt ihn der Menge, die sich auf der Treppe drängt und auf die Knie fällt. Dreimal wird das wiederholt. Danach wird das wundertätige ›Inbild‹ in seine Kapelle getragen, und die Feier ist beendet.«

Schon 1794 warten die Kranken von Rom auf den Besuch des Gnadenbildes. Es ist Brauch geworden, das Bild in die Häuser derer zu tragen, die krank sind, die nicht zum Christkind nach Aracoeli kommen können. Öfters am Tag, immer an einem Donnerstag, ist eine Karosse des Fürsten Alessandro Torlonia durch die Straßen von Rom gefahren, im Schritt, von zwei Rossen gezogen. Durch die Fenster hat man den Bambino sehen können. Ein Franziskaner hat ihn auf dem Schoß gehalten. In einer zeitgenössischen Schilderung heißt es: »Es gibt keinen Kranken in Rom, der, wenn es schlimmer wird, nicht den Trost begehrte, es zu küssen und von ihm gesegnet zu werden. Deshalb kann man es von den Brüdern erbitten, die es in der Karosse bringen mit brennenden Kerzen und einem schönen Umhang von Purpurseide. Das Volk, wenn es die Karosse mit dem Bambino erkennt, drängt sich in den Läden, an Türen und Pforten, beugt das Knie, schlägt ehrfürchtig das Kreuz und neigt voller Verehrung den Kopf. Jeder hält diese Begegnung für ein gutes Vorzeichen ... Dieser Brauch ist so eingewurzelt in Rom, daß die niedrigsten Menschen nicht wagen würden zu spotten, und die ersten sind, die sich neigen und die Knie beugen ...«

Das Christkindl, der Bambino von Aracoeli, sollte sogar einmal eine ganz großartige Galakarosse zum Geschenk bekommen, das war am 15. Mai 1849. In Rom kommt es zum Aufstand. Als die Galakutschen der Kardinäle und des Papstes verbrannt werden sollen, ist darunter die Prachtkarosse des Papstes Leo XII: Da hält ein Senator der Stadt, der Advokat Francesco Sturbinetti eine zündende Rede. Ihm gelingt es, die Massen zu überzeugen, daß man so ein großartiges Kunstwerk nicht einfach zerstört, verbrennt, daß man wohl besser daran täte, einen solchen Prachtwagen dem heiligen Kind zu schenken. In dieser Karosse soll er zu den Kranken gefahren werden, der Bambino, »der einzig würdig ist, mit so prächtiger und vornehmer Kutsche durch Rom zu fahren«. Alle applaudieren, »und so wurde« – heißt es weiter – »dieser edelste fahrende Thron durch eine gewaltige Volksmenge auf die Piazza del Campidoglio geführt und die förmliche Übergabe an den Provinzial des Ordens der mindern Brüder vollzogen.«

In einer anderen Schilderung heißt es, daß es eine Triumphfahrt geworden sei. »Alle warfen sich bei seiner Vorbeifahrt auf die Knie und schrien: ›Viva il Santo Bambino.‹« Der Pater Innocenzo Marchesi fügt sogar hinzu, daß sie schrien: »Viva el Bambino republicano«, so groß war die augenblickliche Begeisterung. Als die Franziskaner von Aracoeli 1947 zum fünfzigjährigen Jubiläum der Krönung des Kindes eine Schrift herausbringen, können sie im Zusammenhang mit den Fahrten zu den Kranken schreiben, daß es sie noch immer gibt, »abgesehen von der Besonderheit der brennenden Kerzen; daß der Bambino statt mit der Kutsche mit einem Taxi gefahren wird, nur im Krieg, in den Zeiten, in denen man kein Benzin bekommen hat, war er noch einmal mit einer einfachen Kutsche unterwegs.

Marino Moretti, ein italienischer Schriftsteller, schreibt im Dezember 1940 im Corriere della Sera über den Bambino: »Es geschah auch zu Zeiten, daß die Anzahl der Anforderungen sehr groß war, dann stationierten die von verschiedenen Familien geschickten Karossen auf dem Capitolsplatz in Erwartung an die Reihe zu kommen: Der Bambino, kaum von einem Hause zurückgekehrt, stieg alsbald in eine zweite Droschke, ohne in seine Kirche zurückzukehren.« Derselbe Marino Moretti berichtet über die Post, die der Bambino erhält, von Briefen und Telegrammen, die in großen Mengen auf dem Altar liegen. Wie auf dem Schreibtisch eines Schriftstellers sehe es aus; Briefe aus aller Herren Länder, ein Briefmarkensammler müßte seine helle Freude haben. Und die Adressen: »Al Santo Bambino di Aracoeli Roma«, »Enfant Jésus – Autel du Premier Né – Roma«, »An das Bambino – Roma«, die kürzeste Adresse: »Bambino – Roma«. Keiner dieser Briefe wird geöffnet, keiner gelesen. Alle werden nach einer angemessenen Zeit vernichtet. Damit schließt sich der Kreis. Auch die Bäuerin aus dem Oberland ist nach Rom gefahren, um ein Bündel von Briefen der Freunde und der Verwandtschaft, dieses Sorgenpackerl voll Gläubigkeit, auf den Altar des Bambino zu legen.

Zum Abschluß sei ein Mann zitiert, von dem man nicht annehmen würde, daß er vom Bambino in Rom je etwas gehört haben könnte. Es ist der lebensgescheite, aus einer Hugenottenfamilie stammende evangelisch-reformierte Preuße Theodor Fontane. In der Novelle »Schach von Wuthenow« läßt er zum Abschluß die in Rom lebende junge Witwe Victoire von Schach unter dem 18. August 1807 an Lisette von Perbandt einen Brief schreiben. »Das Kleine, Dein Patchen, war krank bis auf den Tod, und nur durch ein Wunder ist es mir erhalten geblieben.
Und davon muß ich Dir erzählen.
Als der Arzt nicht mehr Hilfe wußte, ging ich mit unserer Wirtin (einer echten, alten Römerin in ihrem Stolz und ihrer Herzensgüte) nach der Kirche Aracoeli hinauf, einem neben dem Kapitol gelegenen alten Rundbogenbau, wo sie den ›Bambino‹, das Christkind, aufbewahren, eine hölzerne Wickelpuppe mit großen Glasaugen und einem ganzen Diadem von Ringen, wie sie dem Christkind, um seiner gespendeten Hilfe willen, von unzähligen Müttern verehrt worden sind. Ich brachte ihm einen Ring mit, noch eh ich seiner Fürsprache sicher war, und dieses Zutrauen muß den Bambino gerührt haben. Denn sieh, er half. Eine Krisis kam unmittelbar, und der Dottore verkündigte sein ›va bene‹; die Wirtin aber lächelte, wie wenn sie selber das Wunder verrichtet hätte.
Und dabei kommt mir die Frage, was wohl Tante Marguerite, wenn sie davon hörte, zu all dem ›Aberglauben‹ sagen würde? Sie würde mich vor der ›alten Kirche‹ warnen, und mit mehr Grund, als sie weiß. Denn nicht nur alt ist Araceli, sondern auch trostreich und labevoll und kühl und schön.
Sein Schönstes aber ist sein Name, der ›Altar des Himmels‹ bedeutet. Und auf diesem Altar steigt tagtäglich das Opfer meines Dankes auf.«

Leider ist der Bambino am 1. Februar 1994 gestohlen worden. Seitdem steht eine Kopie auf seinem Platz.

Christkindl aus dem Kloster Reutberg

Trösterlein aus dem Kloster Reutberg

Das Christkindl von Prag

Als es Nacht wird über dem Schlachtfeld am Weißen Berg vor den Toren Prags, man schreibt den 8. November 1620, ist der Kaiser der festen Überzeugung, daß er diesen Sieg dem Dritten Ordensgeneral der Unbeschuhten Karmeliten, Pater Dominikus von Jesus Maria, verdankt.
Der Kaiser hatte Papst Paul V. gebeten, er möge ihm diesen Gottesmann schicken, denn nur er könne den Kaiserlichen den Sieg garantieren. Wie ein Gottgesandter ist er im Lager empfangen worden. Den bayerischen Herzog Maximilian I., dessen Generalissimus Tilly und andere Generale hat er mit dem heiligen Skapulier des Karmels bekleidet, und Tausende von kleinen Skapulieren hat er an die Soldaten verteilt.
Nun sind der Kurfürst Friedrich V. von der Pfalz, der »Winterkönig«, und die evangelischen Fürsten vernichtend geschlagen, und aus Dankbarkeit stiftet der Kaiser, zusammen mit Maximilian, dem Herzog von Bayern, 1622 in Wien den ersten reformierten Karmelitenkonvent auf österreichischem Boden. Zwei Jahre später wird der Karmelitenkonvent in Prag gegründet. Zwei spanische Patres ziehen in die ehedem protestantische Dreifaltigkeitskirche und nennen sie von nun an »Unsere Liebe Frau vom Siege«.
Es kommen weitere Karmelitenpatres, es kommt der Pater Johannes Ludwig, ein gebürtiger Pfälzer aus Speyer, der zukünftige Prior und »erste Apostel des Prager Jesuleins«, es bleibt aber die Not eines Bettelordens in einer vorwiegend evangelischen Stadt. Anfang Oktober 1628 wird dem Pater Johannes Ludwig die Leitung des Konvents übergeben, und wenige Tage später steht eine große Wohltäterin des Klosters, die Fürstin Polyxena Lobkowitz vor ihm, um ihm und den Patres ein wächsernes Jesuskindl zu überreichen, und sie sagt zu ihm: »Mein Vater, ich übergebe Ihnen hier, was mir am teuersten ist. Verehren Sie dieses Bildnis und es wird Ihnen an nichts fehlen.« Die Familientradition des Hauses Lobkowitz weiß zu berichten, daß die Mutter der Fürstin, Maximiliána Manriques de Lara, eine geborene Fürstin Pignatelli, dieses wächserne Kindl aus Spanien mitgebracht und ihrer Tochter Polyxena zur Hochzeit geschenkt habe. Ja, es gibt sogar eine bezaubernde Legende, wie diese Wachsfigur entstanden ist.
Irgendwo zwischen Cordoba und Sevilla, südlich des Guadalquivir, war einmal ein berühmtes Kloster. Die Mauren, die Araber, haben es zerstört, und in der Ruine hausten notdürftig wenige überlebende Patres, unter ihnen ein frommer Bruder, der den Herrn gerade in der Gestalt des Kindes besonders verehrte.
Eines Tages nun kehrt er in seiner dürftigen Zelle zusammen und plötzlich steht ein kleines, seltsam schönes Kind vor ihm. Woher es gekommen ist, kann er nicht sagen. Es sieht ihm aufmerksam bei seiner Arbeit zu und nach einer Weile spricht es: »Bruder Joseph, du kannst wirklich gut kehren, aber

kannst du auch ein Gegrüßet seist du, Maria beten?« Da stellt der Bruder Joseph seinen Besen an die Wand und betet: »Gegrüßet seist du, Maria...« Als er dann spricht »... und gebenedeit sei die Frucht deines Leibes...«, fällt ihm das Kind ins Wort und sagt: »Das bin ich.« So schnell, wie es erschienen war, ist es aber wieder verschwunden. Der Bruder schaut fassungslos an die Stelle, wo das seltsam schöne Kind eben noch gestanden ist. Dann ruft er nach dem Jesuskind; er bittet und bettelt, aber das Kind kommt nicht. Tag für Tag bittet er das Christkind, es möge doch kommen, monatelang, jahrelang; er bittet vergebens.

Eines Tages aber vernimmt er eine feine Stimme und diese Stimme spricht: »Mache ein Wachsfigürchen, das in allem mir gleicht.« Bruder Joseph eilt zu seinem Prior und erzählt ihm das Geschehene, und er bittet um Wachs. In diesen Zeiten der Not ist es nicht leicht, das nötige Wachs zu bekommen. Aber der Bruder soll es erhalten und er formt das Christkind, so wie er es in Erinnerung hat. Und er hat es gut in Erinnerung. Er sieht es, als wäre es eben noch vor ihm gestanden. Aber jedesmal, wenn er mit dem Figürchen fertig ist, ist es ihm nicht ähnlich, nicht schön genug; er zerknetet es und formt es von neuem. Von einem zum anderen Mal wird es schöner und gleicht es immer mehr der göttlichen Erscheinung und er träumt von dem Kind alle Tage und Nächte. Dann endlich geschieht, wonach sich der fromme Bruder längst sehnt: In seine karge, notdürftige Zelle kommt das heilige Kind, diesmal begleitet und umgeben von einer Schar lieblicher Engel. Es kommt auf den Bruder Joseph zu und spricht: »Ich bin gekommen, damit du mich gut anschaust und das Bild mir vollkommen gleiche.« In entrückter Seligkeit macht er sich an die Arbeit. Noch einmal, ein letztes Mal, formen seine Hände das reine Bienenwachs, und siehe da, das Werk gelingt. Das wächserne Kindl ist seinem himmlischen Vorbild zum Verwechseln ähnlich. Unendlich glücklich fällt der Bruder auf die Knie, um Gott zu danken, er vergießt Tränen des Glücks und verbirgt sein Gesicht in beiden Händen. Da heben ihn die Engel auf, tragen ihn empor in den Himmel, und das Christkind geleitet ihn in die ewige Glückseligkeit. Als die wenigen Patres den Bruder Joseph suchen, finden sie ihn nicht. Seine Zelle ist leer, nur das wächserne Christkind steht auf dem alten wackeligen Tisch. Der Prior aber und die Patres legen die kostbarsten Gewänder an, die ihnen verblieben sind, und tragen das wächserne Kindl in feierlicher Prozession in die halbverfallene Kirche.

Noch in der gleichen Nacht erscheint der Bruder Joseph seinem Prior und spricht zu ihm: »Diese Figur, die ich Unwürdiger geformt habe, ist nicht für euch bestimmt, verwahrt sie gut, denn heute übers Jahr wird euch Donna Manriques de Lara besuchen und ihr sollt ihr das Kindl geben. Sie wird es ihrer Tochter schenken, zur Hochzeit, und so wird es in das Königreich Böhmen kommen, in dessen Hauptstadt nach Prag. Es wird das ›Jesuskind von Prag‹ genannt werden und Völker und Nationen werden es anbeten. Es wird Gnade, Frieden und Erbarmen denen geben, die mit aufgeschlossenem Herzen zu ihm kommen. Seine Liebe wird dem Land gehören, das es sich zur Wohnstatt erwählt hat und das Volk jenes Reiches wird sein Volk sein und es wird sein König heißen.«

In einem alten Büchlein, 1737 gedruckt und verlegt bei »Mathias Adam Höger/Hoch-Fürstlichen Ertz-Bischöflichen Buchdrucker in Prag«, wird vom weiteren Schicksal des wächsernen Gnadenkindes erzählt. Das kleine Buch ist der »Durchlauchtigen Fürstin / Und Frauen, Frauen / Mariae / Annae / des heil. Röm. Reichs Fürstin / zu / Fürstenberg / Gebohrne Gräfin / von Waldtstein« gewidmet. Es beginnt mit der umfangreichen Widmung und einer Vorrede, in der dem gläubigen Christen gesagt wird, wie er dem Christkind bei den Unbeschuhten Karmeliten in Prag begegnen soll, mit Ehrfurcht und

Das Prager Jesulein

Glauben nämlich, denn »wie der Apostel sagt: Ohne dem Glauben ist es ohnmöglich Gott zu gefallen«. Dann wird von der Geschichte des Prager Jesuleins erzählt, die in die Zeit des Dreißigjährigen Krieges zurückführt.

Gerade Böhmen hat in diesem Krieg von Anfang an besonders zu leiden. 1624 nun haben also Kaiser Ferdinand II. und Kurfürst Maximilian I. von Bayern ein Kloster der Unbeschuhten Karmeliten gestiftet. Der Kaiser wollte das Kloster mit jährlichen Einkünften bedenken, aber die Patres hatten gelobt, in freiwilliger Armut zu leben, angewiesen auf zusammengebettelte Almosen. In jenen Zeiten der Not aber ist es mit den Almosen arg mager geworden.

»... eben noch in jenem betrübten Jahr 1624 in welchem bey so äußerster Noth an alles menschlichen Hülff verzweyflet ware / sendet wunderbarlich und verhofft in das Closter zu Hülff der verlassenen Geistlichen / der Vatter der Barmhertzigkeit / durch die Freygebigkeit der älteren Fürstlichen Printzeßin Polixena von Lobkowitz / seinen eingebohrnen Sohn / das allerliebste Kindlein JESU (dessen Wunderwürdige Historie allhier beschrieben wird) in seiner holdseeligsten Auß Jungfrau-Wachs gestalten Heil. Bildnuß...«

Die Karmeliten nehmen nun ihr Kindl und stellen es in dem »gemeinen Beth-Hauß« aus, halten vor ihm täglich die zwei vorgeschriebenen Betrachtungsstunden, und es wird ihnen 1628 tatsächlich eine große Hilfe zuteil, die sie, wie sie fest glauben, ganz der Fürbitte ihres Kindls verdanken. Kaiser Ferdinand unterzeichnet im Jahr 1628 ein Dekret an die Königlich Böhmische Kammer, demzufolge das Kloster jährlich 2000 Gulden erhält. Die »Königlichen Herrschaften« sorgen für reichlich Lebensmittel – »monathliche reichliche Victualien«. Und diese Hilfe nehmen sie jetzt im Kloster dankbar an. Das sind nun in den Augen der Patres und Brüder Gnaden, die das hilfreiche Kind Jesu gewährt. Nun aber folgt die erste Gnade, die das Jesuskind von Prag einem Einzelnen schenkt, einem Novizen, der, wie es heißt, von Kindheit an die größte Dürre des Geistes »so billich ein zeitliches Fegfeuer zu nennen ist« erleidet. Mit Neid sieht er auf seine Mitnovizen, die gläubig vor dem Kindl knien. Da nimmt er sich ein Herz und kniet im Advent 1629 vor dem Bild des Christkinds und bittet, es möge ihn von dieser geistig-geistlichen Finsternis erlösen und ihm die Gnade der Andacht schenken. »Und siehe da, der schon über dreißig Jahre lang an diesem Seelenzustand Leidende ... wird alsogleich, ja jäh und in einem Augenblick mit sonderbaren Liecht innerlich erleuchtet ...«, er lernt mit einem Mal Gutes von Bösem zu unterscheiden und wird geheilt.

Die Verehrung dieses gnadenreichen Kindls soll nicht lange währen. Es ist ja Krieg und die Ordensoberen sehen sich gezwungen, die Novizen, die treuesten Verehrer des Kindls, nach München zu versetzen. Gustav Adolf tritt seinen Siegeszug an und rückt unaufhaltsam nach Süden vor. Gleichzeitig überschreitet der Kurfürst von Sachsen mit seiner Armee die böhmische Grenze, um am 15. November 1631 in Prag einzumarschieren. Vielleicht sind es die Karmelitennovizen, die in München von ihrem Kindl erzählen, die es auch dort bekannt machen. Wie dem auch sei, jedenfalls verlegt gut 125 Jahre später, 1757, der Drucker Johann Christoph Mayr in München das Büchlein »Von der Wunderbahrlichen Bildnuß des Gnadenreichen Kindleins Jesu zu Prag...«.

In diesem Büchlein können wir auch von der Geschichte des Prager Jesuleins nachlesen und daß es seine Gnade von den Karmeliten genommen habe, weil sie es in München eben vergessen hätten. Das sei auch der Grund gewesen, warum das Kloster so in Not geraten ist.

»... als in dem 1631ten Jahr das feindlich / Sächsische Kriegs-Heer die Stadt Prag belagerte, und eben dieser Ursachen halber der damahlige Prior mit seinen Geistlichen sich auf die Flucht begeben hatte, wurde nach unglückseeliger Eroberung der Stadt das Closter gänzlich geplündert..., die zwey zuruckgebliebene Geistliche in Kerker geworffen, wo grossen Hunger erlitten. Die grösste Grausamkeit aber erzeigten die Predicanten oder Ketzerische-Geistliche wider das verlassene Kindlein JEsu, als welchem sie mit... (gehaßtem) Grimmen die Händlein abgebrochen und das Kindlein hinter den Altar in den Mist... geworffen. Wo billich zu bewundern, das für kein geringes Wunder-Zeichen zu halten... Daß dise gottslästerische Feind ihren Grimmen nur an denen Händlein ausgelassen, und nicht das gantze Kindlein verbrochen haben. Daß das zarte wäxene Leiblein bey so gewaltigem Wurff gantz gebliben ist; und 3tens, daß es unter dem Mist und Unflath durch siben Jahr alzeit schön, weiß, und rein erhalten worden.«

Mag man diese Schilderung auch ein wenig bezweifeln, so muß man sie schon unter dem Spannungsfeld zwischen den Konfessionen seit der Verbrennung von Jan Hus sehen und dem Lauf von dreizehn Kriegsjahren, die die Menschen verroht haben.

1632 kommt der Pater Prior mit seinen Geistlichen zurück. Aber wenn wir den beiden erwähnten Schriften glauben dürfen, setzen die Karmeliten die Andacht zum gnadenreichen Jesuskind, die so vielversprechend begonnen hat, nicht mehr fort. Die Folge davon ist, wie man später glaubt, daß sich der Segen Gottes von der Klosterstiftung abwendet. Die von Ferdinand II. bestimmte jährliche Unterstützung zur Vollendung des Klosterbaus wird 1633 aufgehoben. Der Weingarten wird den Karmeliten genommen und sie geraten wieder in bittere Not.

1634 stehen die Schwedischen vor Prag und der eben erwählte und kaum angekommene Prior, Pater Felicianus à S. Bartholomäo, sieht sich gezwungen, mit seinen Geistlichen und Novizen zu fliehen. Als er in die Stadt zurückkehrt, sind die Schweden zwar abgerückt, aber die Stadt ist von der Pest angesteckt, und der Prior stirbt noch im gleichen Jahr.

Das Prager Büchlein erzählt von einem schwer zu begreifenden Vorfall in jenen Tagen. Da ist ein Novize, ein äußerst begabter junger Mann, auf den seine Oberen große Stücke halten und der für sie zu einer großen Enttäuschung werden sollte. »... diesem wurde die Sorg des Beth-Hauß / worinnen hinter dem Altar das liebe JESU-Kindlein unter dem Mist verworfen lage / anvertraut, und als er einstens alles ihme anbefohlenes durchsuchete / findet er unter anderen Mist die schöne Bildnuß unsers Gnadenreichen JESU-Kindleins; aber O erschröckliche Kühnheit! O grosse Boßheit! er nahme das liebe Kindlein in seine Händ / und an statt der gebührenden Ehr / entweder auß gähen kindischen Antrieb / oder vielmehr auß teufflischer Eingebung / und Nachgebung / streichete und schluge er dasselbe mit Ruthen / warffe es hernach wiederum in das vorige Elend hinter den Altar unter den Mist. Aber / O wunderbarlicher Außgang! O grosse / aber gerechte Straff! eben dieser Novitz welcher vorhero ein Engel GOttes schiene zu seyn / demüthig / züchtig / gedultig / und gehorsam; ist in einem Augenblick nach gethaner Boßheit dergestalten verändert / unruhig / hoffartig / außgelassen / ungehorsam / und unverbesserlich worden / daß jedermann glauben muste / er seye vom bösen Feind besessen; allem ware er unerträglich / verhaßt / und niemahlen ruhig / biß er endlich gar auß dem Noviziat entlassen worden...«

Bitteres Elend trifft das Kloster. Kein Prior, kein Novizenmeister ist imstande, auch nur drei Jahre lang sein Amt auszuüben. Keiner der Patres will in dem von Unheil überschatteten Kloster bleiben, alle wollen in andere Klöster versetzt werden. Und niemand ahnt und versteht, warum der Segen Gottes so sichtbar von ihnen gewichen ist und nicht wiederkehren will. Eben weil das Christkindl vergessen bleibt.

Da bringt das Jahr 1637 die Wende. Nach sieben Jahren kehrt zu den Pfingstfeiertagen Pater Cyrillus a

Titel eines Andachtsbuches zum Prager Jesulein, 1764

Mater Dei, der Pater Cyrillus von der Mutter Gottes, ein gebürtiger Luxemburger, von München kommend nach Prag zurück. Er ist einer jener ersten Novizen des Klosters und er hat dieses gnadenreiche Kindl nie vergessen können, denn, so wird erzählt, sei es Legende oder Geschichte, er sei jener Novize gewesen, dem »nach außgestandener viel-jähriger Dürre des Geistes... die Heitere Göttliche Erkanntnuß reichlich ist ertheilet worden«.

Kaum aber ist er in der Stadt, als wieder die Schweden anrücken, um sie zu belagern. Die Dörfer und Schlösser ringsum brennen lichterloh, und der Prior mahnt seine Mitbrüder durch Buße und Gebet Gott zu bitten, das drohende Unheil abzuwenden. Ehe der Pater aber die Mahnung des Priors befolgt, sucht er das Kind, das er all die Jahre nicht hat vergessen können. Er findet es hinter einem Altar, voll von Staub und Schmutz. Er nimmt es in seine Zelle, wäscht es behutsam und bittet den Pater Prior, das Kindl dort aufstellen zu dürfen, wo es ehedem war, im Oratorium. Der Prior gewährt diese Bitte und diesem Prager Jesuskindl nun empfehlen sich die Brüder der Unbeschuhten Karmeliten. Sie beten zu ihm und bitten es um das Wohl ihres Klosters, um das Wohl der Stadt, um das Wohl Böhmens. Und siehe da, das heilige Kind erhört ihr Gebet. Die Stadt bleibt vom Feind verschont, und in das Kloster kehrt der Segen Gottes zurück.

Viele Bürger von Prag wollen nun dem Kind bei den Karmeliten danken, wollen es verehren, aber der eifrigste Verehrer bleibt doch der Pater Cyrillus. »Und als er einstens vor dieser heil. Bildnuß eyfrigst bethete / siehe Wunder! höret er gäh folgende Wort aus dem Mund des Kindleins zu sich reden: ›Erbarmet euch meiner, so werd ich mich euer erbarmen: Gebt mir meine Händ / so werd ich euch den Frieden geben: Wie ihr mich verehret / so suche ich euch auch heim‹... Dahero das ihme verborgene Geheimnuß dieser Worte zu erkennen / verbliebe dieser Pater nach vollendten Gebeth allein im Chor / verfüget nich näher zu dem Kindlein / ziehet das blaue Kleydlein (mit welchen es damahlen bekleydet ware) bey dem Armblein etwas zuruck / und findet es leyder! an beyden Händlein gestimpelt / also armseelig zu gerichtet / daß es sich dessen billich und wehmüthig beklagen konnte. Dahero der Pater mit innersten Mitleyden erfüllet...«

Pater Cyrillus eilt zu seinem Prior, zeigt ihm das verstümmelte Kind und bittet ihn, dem Kindl Hände machen zu lassen. Aber die Klosterkasse ist leer und der Prior weist ihn ab, denn er hat an dringendere Aufgaben zu denken.

Der Pater wendet sich an Gott um Hilfe und er soll sie erhalten. Ein gewisser Herr Mauskönig – an anderer Stelle wird er Benedictus Mauskönig genannt –, wie es heißt ein betagter »ehrbarer und frommer« Mann aus der Stadt Außig, kommt nach Prag, wird dort von einer gefährlichen Krankheit befallen und bittet um einen Beichtvater. Pater Cyrillus wird zu ihm geschickt. Er erzählt ihm von dem gnadenbringenden Christkind, das keine Hände mehr hat und das zu ihm gesprochen habe: »Gebt mir meine Händ / so werd ich euch den Frieden geben.« Da opfert der Kranke, um eine glückselige Reise zur Ewigkeit zu erlangen, hundert Gulden, und er bittet die Patres, daß sie ihn in ihrer Gruft bestatten, so er in Prag sterben muß. Am 3. Oktober 1638 ist er gestorben und sein Wunsch ist ihm von den Brüdern des Karmelitenklosters auch erfüllt worden.

Diese hundert Gulden sind nicht nur in jenen Tagen ein beträchtliches Geschenk. Voller Freuden bringt Pater Cyrillus das Almosen seinem Prior, und er ist sich sicher, daß seine Bitte erfüllt wird, denn mehr als ein Gulden ist wohl nicht nötig, dem Kindl Hände machen zu lassen. Aber der Prior lehnt wieder ab. Von nun an soll ihm nichts mehr gelingen. Er wird melancholisch, verständnislos, hart und herrschsüchtig und mehrere Patres bitten um Versetzung in ein anderes Kloster.

Geklebte Stoffbilder auf genadeltem Papier, um 1860

An jenen Tagen geschieht es, daß das Christkind aus dem Oratorium entfernt wird. Die Chronik erzählt, daß der Karmeliter, der für die Ordnung auf dem Oratorium zuständig war, um dem Prior zu gefallen das Jesulein weggetragen habe an den Platz, wo es jahrelang gelegen war, inmitten von altem Gerümpel. Aber dann habe der Pater Cyrillus das Gnadenbild in seine Zelle getragen und das Kindl inständig gebeten, es möge doch Nachsicht haben mit seinen Mitbrüdern.

Kurz vor der Mitternachtsmette des Festes der unbefleckten Empfängnis Mariens, bittet Pater Cyrillus die Gottesmutter, sie möge doch dafür sorgen, daß das Bild ihres Sohnes eine würdige Unterkunft erhalte. Es ist eine lichte mondhelle Nacht, und er kann hinüber zur Kirche sehen. Da entsteht über dem Chor des Gotteshauses eine kleine silberne Wolke. Sie wird größer, formt sich und nimmt die Gestalt der heiligen Jungfrau an, von vielen Sternen umgeben, von einem Rosenkranz umkränzt. Und die Muttergottes breitet ihre Arme über dem Chor aus, als wolle sie sagen: hier ist der Ort, wo das Bild meines Sohnes Platz finden, wo man es verehren soll. Als Pater Cyrillus am anderen Tag Ausschau hält, welchen Platz wohl die Jungfrau Maria bestimmt habe, findet er über dem Betchor einen Raum, den man früher einmal schon als Oratorium einrichten wollte.

Cyrillus erzählt seinem neuen Oberen, Pater Dominikus vom heiligen Nikolaus, das Gesicht, das er gehabt und er bittet ihn, dem Kindl Hände machen zu lassen. Auch dieser Prior muß auf die leeren Kassen hinweisen, aber er sagt dem Pater Cyrillus zum Trost: »Wenn das Jesulein uns seinen Segen gibt, so will ich sein Bild wieder herrichten lassen.« Da wirft sich der fromme Pater in seiner Zelle vor dem Jesuskindl auf die Knie und erzählt ihm, was ihm der Prior gesagt. »Kaum hatte der Geistliche sein inbrünstiges Gebeth vollendet / wird er in die Kirche berufen / alldorten findet er bey dem Altar unser Lieben Frauen vom Berg Carmelo eine adeliche / ehrbare Frau / diese gienge ihme gleich entgegen / reichete ihme ein reichliches Almosen / sprechend: Siehe / die Güte Gottes schicket dieses Allmosen zu Überhebung neuerer bekannten Nothdurfft; mit diesem verschwunde sie augenblicklich vor seinen Augen / und ließ sich nicht mehr sehen. Auß welchem glaubwürdig scheinet / daß diese Frau eben die allerheiligste Mutter JESU gewesen seye.«

Pater Cyrillus wenigstens glaubt das fest, denn alle Nachforschungen nach der Spenderin bleiben ergebnislos. Überglücklich bringt er dem Prior das Almosen und erinnert ihn an sein Versprechen. Er erhält daraufhin die Erlaubnis, dem Kindl Hände machen zu lassen, vorausgesetzt, daß diese Hände nicht mehr als einen halben Gulden kosten.

Ein Laienbruder wird zu einem Meister geschickt, kommt aber unverrichteter Dinge zurück, denn der Schnitzer möchte nicht einen halben, sondern einen ganzen Gulden für seine Arbeit. Und wieder nimmt der fromme Pater Zuflucht zum Gebet. Da flüstert ihm das Prager Christkindl zu: »Stelle mich in die Sakristei, gleich neben die Tür, und es wird jemand kommen, der sich meiner erbarmt.« Der Pater tut, wie ihn das Kind geheißen und es vergeht keine Stunde, da kommt ein Herr, der sich anbietet, auf seine Kosten dem Kind Hände machen zu lassen. Dieser Kavalier heißt Daniel Wolf, war einmal wohlhabender kaiserlicher Generalkommissar und ist in Not geraten. Die Gläubiger verfolgen ihn, dazu kommt noch ständig Streit mit seiner Frau. Und nun also bringt er dieses Prager Jesulein mit nach Hause, und auf dem Tisch liegt ein Schreiben der kaiserlichen Kammer, das ihm die 3000 Gulden ankündigt, um die er so oft gebeten und auf die er so lange vergeblich gewartet hat. Und von diesem Tag an gibt es auch zu Hause keinen Streit mehr. Wie gesagt, Daniel Wolf läßt das Kindl richten, »diesem armen Kindlein neue Händlein von Holtz mit Wachs überzogen« machen, und trägt es heil und wohlbehalten ins Kloster zurück. Und wieder wirkt das Kindl Wunder an denen, die ihm fest vertrauen. Auch der Prior, schwer krank und aufgegeben, erfährt die Gnade des Prager Jesuleins, bekennt ihm seine Sünden und Fehler und wird gesund.

Aber da geschieht ein neues Unheil. Der Sakristaner will dem Kindl einen Ehrenplatz geben, er will nicht, daß es nur innerhalb des Klosters verehrt wird. Jedermann soll es verehren können. Er will es in der Kirche aussetzen, für jeden Gläubigen sichtbar. »Aber leyder! Da er Selbes in Händen truge / und vor Eyfer eylfertig gienge / fiele er auß Unobachtsamkeit auf den Boden / darbey wurde das erst kürzlich verbesserte Kindlein wiederum zerbrochen ... Es eylete der gleichsam von einem Donner-Keyl getroffene und erschrockene Sacristaner / mit dem zerbrochenen Kindlein in die Sacristey; und siehe! da lieffe unversehens her ein rasender / unsinniger Mensch dieser eylete auf dem Fuß nach dem Sacristaner / und ehe dieser die Sacristey erreichet / ertappet jener ihn bey der Gurgel / wirfft ihn zu Boden / fanget ihn an grausam zu drosseln / und hätte ihn unfehlbar auf der Stell erwürget / wann nicht . . . offt=gemeldter Verwalter des Kindlein JESU / P. Cyrillus darzu kommen wäre / welcher mit grossen Geschrey sein gnadenreiches Kindlein um Hülff angerufen / und alsdann den schon halbtodten Sacristaner von dem instehenden Tod errettet.«

Betrübt steht Pater Cyrillus vor seinem verstümmelten Jesulein. Aber wieder kommt unversehens Hilfe. In derselben Stunde steht Daniel Wolf vor dem Pater, und er bietet sich abermals an, die Christkindlfigur richten zu lassen. Er nimmt sie mit nach Hause, und als er dort ankommt, wartet auf ihn ein kaiserlich-königlicher Beamter, um ihm die angekündigten 3000 Gulden tatsächlich auszuzahlen. Einen Tag später steht er mit seiner Kostbarkeit in der Werkstatt eines geschickten Kunsttischlers, damit das Prager Jesulein in Zukunft besser geschützt ist, soll es einen gläsernen Schrein erhalten. Was er kosten wird, fragt er nicht, denn er ist bereit, jeden gerechten Lohn dafür zu zahlen; sowohl dem Kunsttischler als auch dem Schlosser, der mitarbeitet.

Sie haben das Werk vollendet und gehen daraufhin in das Wirtshaus, »und weilen sie Ketzer und abtrinnige Feind der Catholischen waren, lästerten sie unter den Sauffen / mit unerhörten Gelächter und Spott reden unser liebes JESU-Kindlein / dieses nennend ein Götzen-Bildl und Abgöttl«. – Die beiden begehren einen ganz unbilligen Lohn, aber Daniel Wolf zahlt ihn wortlos. Den gerechten Lohn, so wird es uns in dem alten Büchlein aus Prag überliefert, erhalten die beiden für ihre göttlästerlichen, ketzerischen Reden wenige Tage später. Sie werden mit der Pest angesteckt und müssen elendiglich sterben. Kurz darauf verkündet Daniel Wolf von neuem, das Jesulein habe ihm geholfen. Dreitausend Gulden habe er mit anderen Pretiosen in einem Kasten gut verschlossen. Da sind des Nachts Diebe gekommen und wollten diesen Kasten forttragen. Aber da sind sie von einem unheimlichen Schlage erschreckt worden, haben alles liegen und stehen gelassen und sind geflohen, und niemand wußte, wer diesen Schlag getan hat.

Inzwischen verbreitet sich der Ruf des wundertätigen Kindes in der Stadt und in der Umgebung. Die Baronin Kolowrat, eine geborene Baronin Lobkowitz, die Gemahlin des Obrist-Hofmeisters des Königreiches Böhmen, wird im Juli 1639 sterbenskrank; die Ärzte haben sie schon aufgegeben. Der Obrist-Hofmeister nimmt in seiner Not Zuflucht zu dem Jesuskindl der Unbeschuhten Karmeliten, von dem er schon so viel Gutes gehört hat, von dem es heißt, es könne Kranke heilen und Sterbende wieder gesund machen. Pater Cyrillus bringt das Kindl, die Baronin küßt es gar herzlich und von dieser Stund an wird sie gesund. Als sie, nun völlig genesen, mit ihrem Ehgemahl auf ihre Güter reisen will, kann sie sich nicht von dem Kindl trennen. Sie will es im Haus behalten. Alles ist reisefertig, die sechs Pferde sind angespannt, der Obrist-Hofmeister und seine Gemahlin sitzen in der Karosse, die Lakaien sind aufgesprungen und – es rührt sich nichts. Die Pferde kommen nicht von der Stelle. Der Kutscher und die Bereiter schlagen auf die Tiere ein. Die Pferde schwitzen, daß ihnen der Schaum steht, sie ziehen an, sie prellen ins Geschirr, aber der Wagen rührt sich nicht von der Stelle. Da die Baronin in sich geht, ihren Fehler erkennt und bekennt, läßt sie einen Läufer zu Pater Cyrillus schicken, er möge eilends kommen und das Kindlein wieder ins Kloster tragen. Und siehe, kaum hat er das Haus verlassen, ziehen die Pferde an und ohne Antreiben ziehen sie den Wagen fort.

Der glänzende Ruf des wundertätigen Kindes verbreitet sich von neuem, und Pater Cyrillus bittet seine Mitbrüder, man möge das Jesuskindl während der Adventszeit doch in der Kirche aufstellen, auf daß gläubige Verehrer zu ihm kommen könnten. So geschieht es, daß man in den Vorweihnachtstagen des Jahres 1639 zum ersten Mal das Prager Jesulein in der Kirche über dem Marienaltar sehen kann. Unter den vielen Andächtigen, die ihre Sorgen und Anliegen zu dem Kind tragen, ist auch eine reiche Dame. Die Chronik verschweigt ihren Namen. Sie kommt oft und oft und sie verliebt sich so in das Prager Kindl, daß sie zur Mittagszeit, als die Kirche leer ist, ihren beiden Kammerzofen befiehlt, zum Altar hinaufzusteigen und das Jesulein heimlich fortzutragen: »... ließ sie auch vermessentlich ... das Kindlein aus dem Tabernacul / doch mit abgelegten und zuruckgelassenen Kleynodien und neuer Cron / entnehmen ...«

Kurz darauf betritt Pater Cyrillus das Gotteshaus. Er ist untröstlich, er sucht das Kindl, findet es nirgendwo und weiß sich nicht mehr zu helfen. Da vernimmt er eine leise Stimme, die sagt: »Betrübe dich nicht / es wird bald gefunden werden / und der Frevel nicht ungestrafft verbleiben.«

So geschieht es, daß der Pater zu einer dieser Zofen gerufen wird, denn sie ist erkrankt. Sie bekennt die Tat, die vornehme Dame auch, aber sie weigert sich, das Kindl zurückzugeben, sie möchte dafür ein anderes, ganz ähnliches. Der Pater erfüllt diese Bitte und kann nun sein Kindl mit zurücknehmen ins Kloster. Die beiden Zofen aber straft Gott. Die Pest zieht wieder einmal in Prag ein und zu ihren ersten Opfern gehören die beiden. Die eine bereut und beichtet und wird von der Pest geheilt. Die andere verweigert die Sterbesakramente und stirbt unter entsetzlichen Qualen. Die adelige Dame aber verliert Hab und Gut und lebt in bitterster Armut, tief gebeugt von den Schmerzen der Gicht.

Auch in das Rad der Geschichte greift das Prager Jesulein ein. Am 29. August 1639 stehen die Schweden wieder einmal vor den Toren Prags, 30 000 Mann unter dem schwedischen General Planyr. Es sind kaum Soldaten in der Stadt, die Prag verteidigen könnten, und alle »Lands-Stände mit der Königlichen Cron auf die Flucht bereitet«. Im Karmelitenkloster aber hält man nicht viel von Verteidigungs- oder gar Fluchtvorbereitungen. Hier verläßt man sich auf die Kraft des Gebetes. Die Patres tragen ihr Christkind in den Chor, beten vor ihm eine ganze lange Nacht, und geloben, dem Kindl ein »eygenes Beth-Haus« zu verschaffen. Kaum aber graut der Tag und kaum können die Posten auf den Wällen Ausschau halten, sehen sie keinen einzigen Schweden mehr, nur ein paar kaiserliche Soldaten, die gefangen waren und von den Schweden in der Eile zurückgelassen worden sind. Sie alle berichten, daß noch nachts um 12 Uhr der Feind die Stadt habe überfallen wollen. Aber dann sei ein Bote gekommen, niemand habe ihn gekannt und niemand habe ihn vor- oder nachher gesehen, und der habe zu dem General gesagt, »daß ihme und seinem gantzen Kriegs-Heer eine großmächtige Gefahr bevorstehe / sofern er nicht eylends zuruckziehen / und die Belagerung aufheben werde / solle er auch endlich mit ungemeiner Schand und Spott / sowohl seiner als seines Königs / abziehen müssen«. Der Abzug der Schweden vor Prag, ja sogar aus Böhmen, haben nicht nur die Patres des Karmelitenklosters dem Christkindl von Prag zugeschrieben.

Noch eine andere, ähnliche Geschichte erzählt man sich. Februar 1641: Die Kaiserlichen Truppen sind weitverteilt in Winterquartieren. Es ist bitterkalt, sogar die Donau ist zugefroren. Kaiser Ferdinand III., die Kaiserin, der Erzherzog Leopold, Fürsten, Stände und Gesandte sind in Regensburg. Mit einem Mal stehen die Schweden vor der Stadt und niemand kann sie verlassen, ohne Gefahr zu laufen, Gefangener der Schweden zu werden. Zu dieser Zeit ist Henricus Liebsteinsky von Kolowrat Obrist-Hof-

Andachtsbild; Kupferstich, 18. Jh.

»gnadenreichen Jesu-Kindlein« Hilfe zu suchen. Außerdem gelobt er, das Kindl persönlich zu besuchen und zu verehren, wenn er dieser Gefahr glücklich entgeht.

Wieder läßt der Prior »die Heil. Bildnuß des holdseeligen Kindlein JESU« in den Chor bringen. Wieder beten die Patres Tag und Nacht, sie erneuern das Gelübde, dem Kindl ein besonderes »Beth-Hauß« zu bauen. Und auch vor Regensburg zieht der Feind ab. Ohne ersichtlichen Grund, ohne Kampf und auch hier, so wird erzählt, in völliger Unordnung. So geschehen am 11. März des Jahres 1641.

In jenen Tagen vermacht ein Wohltäter dem Kloster 3000 Gulden für einen Altar zu Ehren der Heiligsten Dreifaltigkeit und man beschließt, über diesem Altar eine Wandnische einzulassen, in der man die wundertätige Statue zur öffentlichen Verehrung aussetzen kann. Im Jahr 1641 ist dieser Altar errichtet, »welchen zierete auß Freygebigkeit des Fürsten von Lobkowitz / ein prächtiger pur vergolder Tabernacul / in welchem die Heil. Bildnuß des Kindleins / als in einem herrlichsten Ehren-Thron / zur Verehrung ist außgesetzet worden«.

Immer mehr Trost-, Heil- und Hilfesuchende wenden sich an das Kindl bei den Unbeschuhten Karmeliten, und sie alle bringen Gaben, je nach Vermögen: Leuchter, silberne und goldene Ketten, Edelsteine, Perlen, Meßgewänder, ja sie vermachen ganze Landgüter. Im Jahr 1647 reist gar Kaiser Ferdinand III. nach Prag, um sein Gelübde zu erfüllen, und er hat das Kindl »Knye-fällig angebethet / und zu einem Brandt-Opffer 40. Kertzen von dem allerweisesten Wachs (welche Seiner Majestät für ein Königliches Geschenk von Venedig seynd geschicket worden) zu den Füssen des Kindleins nieder gelegt; dadurch aber jeder männiglich ein herrliches Exempel hinterlassen / unser Kindlein JESU / mit grossen Vertrauen und Hoffnungs-voller Zuflucht / Allzeit zu verehren«.

Mit und nach dem Kaiser kommen Grafen und

meister des Königreiches Böhmen. Zu ihm kommt ein Bote, der verkleidet bei Nacht Regensburg verlassen hat, mit einem Befehl des Kaisers. Er weiß von der eigenartigen Befreiung Prags und befiehlt den Patres der Unbeschuhten Karmeliten bei ihrem

Andachtsbuch; Prag, 1737

Barone, Gräfinnen und Freifrauen zu diesem Kind und eine Unmenge Volk. Es heilt den Prior von tödlicher Krankheit und verleiht den Schwachen Stärke, es gibt einem Stammelnden die Sprache wieder und dem todkranken Grafen von Mansfeldt, dem General und Kommandanten der Festung Raab, die Gesundheit. Ja, es hilft sogar, so glaubt man bei den Karmeliten fest, den »Carthäusern auß der Gitschiner Carthausen« bei einem schwierigen Rechtshandel.

Nach all dem ist es wohl selbstverständlich, daß am 3. Mai des Jahres 1648 endlich seine Eminenz, der Kardinal und Fürst-Erzbischof von Prag, Ernst Adalbert von Harrach, die nun schon vier Jahre alte Kapelle einweiht, das Meßopfer feiert, auch den Weltgeistlichen die Erlaubnis erteilt, in dieser »heiligen Einsiedelei des Jesuskindes« die Messe zu lesen.

Somit hat die Verehrung des Gnadenbildes im letzten Jahr des Dreißigjährigen Krieges die offene Bestätigung durch die Kirche erfahren. Selbst in diesem Jahr wird Prag nicht vom Krieg verschont. Am 26. Juli besetzen schwedische Truppen die Stadt. Im Karmelitenkloster liegen 160 verwundete Schweden, keiner verspottet das Gnadenbild, viele bezeigen ihm gegenüber sogar aufrichtige Ehrfurcht. Sogar der Generalleutnant und spätere König von Schweden, Karl Gustav, stattet dem Lazarett einen Besuch ab, der Kirche auch, und er ist von dem Gnadenbild so angerührt, daß er dem göttlichen Kind dreißig Dukaten opfert und ihm zuliebe verspricht, das Kloster so bald als möglich zu räumen.

Am 14. Januar des Jahres 1651 rufen die Vornehmsten von Prag und Böhmen das Kind in einem feierlichen Gottesdienst »zum König« aus. Am 4. April 1655, dem ersten Sonntag nach Ostern, ist dann ein großer Tag, das Jesuskindl soll gekrönt werden mit »einer schönsten / goldenen / mit kostbaren Steinen und Perlen geschmückten Cron«.

». . . liesse daran Ihro Excellenz einladen den gantzen Pragerischen hohen Adel/wie auch ersuchen Ihro Eminenz den Cardinal, und allhiesigen Ertzbischoff / diese Function zu verrichten und das Gnadenreiche Kindlein JESU in seinem Beth-Hauß zu crönen; weilen aber Ihro Eminenz wegen gäh zustossender Unpäßlichkeit nicht könnten erscheinen . . . wie sie hertzlich wünschten / . . . schickten sie zu solcher Verrichtung ihren Weyh-bischoff / Josephum de Corte Ertz-Bischoffen von Sebasti; welcher dann mit innerster Hertzens-Freud / in das schönstens gezierte Beth-Hauß gekommen / und in Gegenwart Ihro Exzellenz Herrn Obrist-Burggraf/ und Hohen Adels / das Heil-Meß-Opfer in bischöfflichen Kleyd / unter zierlichster Music gehalten; und da er zu dem Offertorio kommen / nahme er die zu Füssen / des auf derm Altar stehenden Kindlein JESU / liegende Cron / und setzte diese mit höchster Ehrerbietigkeit / unter grossen Freud-

und Jubel-Schall / auf das heil. Haupt des grossen Königs / des allerschönsten Kindleins JESU, alsdann wurde wiederum die Heil. Meß fortgesetzt.

Nach Vollendung der Heil. Meß küssete der Weyhbischoff andächtigst die Füß des Kindleins JESU / welches auch ... gethan der Obristburggraf / und gegenwärtige Adel / und also ist dieses hoch-feyerliche Fest der Cronung unseres Gnadenreichen JESU-Kindlein beschlossen worden. Da sich an diesem Ihro Exzellenz Herr Obrist-Burggraf (es ist Bernard Graf von Martiniz) beurlaubet / verspricht er demselben ein neues Opfer / sofern er den goldenen Vließ von dem König in Spanien solte bekommen / so auch bald darauf erfolgt, dahero auch Ihro Exzellenz ein besonderen goldenen Vließ ließe machen / und diesen in eygener Persohn dem Kindlein JESU zu einem Ehr-Lieb- und Dank Opffer angehänget.«

Ein knappes Jahr später, am 19. März 1656 ist es dann endlich so weit: das Prager Christkind kann, dank des großzügigen Entgegenkommens der Freiherrn Johannes Ernst und Franz Wilhelm von Tallenberg, in eine eigene, ihm in der Kirche errichtete Kapelle einziehen. Damit ist Wirklichkeit geworden, was sich der Pater Cyrillus gewünscht und erträumt hat. Vor fast neunzehn Jahren ist er dem wächsernen Kind begegnet, weitere neunzehn Jahre, bis zum 4. Februar 1675, an dem er seine irdische Laufbahn beschließt, wird er vor ihm beten.

Noch zu Lebzeiten des frommen Paters Cyrillus, das bleibt noch nachzutragen, kam dem Pater Bonaventura von der heiligen Maria Magdalena, einem gebürtigen Würzburger, der 1647 zum Prior ernannt war, der Gedanke, für die Pfarrkirche von Solnitz ein zweites Prager Jesulein anfertigen zu lassen. Damit war der erste Schritt zur Verbreitung des Jesuleins außerhalb der böhmischen Hauptstadt getan.

Unter all den Wundern, die man sich von dem Gnadenbild erzählt, ist ein ganz besonderes. Das Christkindl ist unterdessen reich geworden, geziert und

Andachtsbild zu einer Kopie des Prager Jesuleins in Niederdorf bei Ottobeuren; Kupferstich, 18. Jh.

behängt mit Gold, Perlen und Edelsteinen. Man schreibt das Jahr 1702. Da »erkuhnete sich ein Bößwicht (dessen Nahmen wir verschweigen / weil noch einige auß den Seinen leben) das Kindlein seines Geschmucks zu berauben / da er darzu eine bequeme Gelgenheit gefunden; und da er würcklich seine lasterhaffte Händ / vor allen anderen / auf das goldene / an der Brust des Kindleins hangende Creutzlein vermessentlich außgestrecket. Siehe

Wunder! Da schiene / als sagte zu ihme das Kindlein: Ich bin JESUS / welchen du verfolgest. Dann augenblicklich überfiele ihn ein so grosser Schraken und Entsetzen / ja! er erstarrete gäntzlich an Händen und Füssen / daß er sich nicht in geringsten kunte bewegen / oder von der Stell gehen, gienge alsdann in sich / erkannte und bekennte seine Missethat / bereuet diese von Hertzen mit vielen Zähren / bittet das Kindlein JESU um Verzeyhung / mit Verheissung / künfftighin von solcher That gäntzlich abzustehen / und sich zu bessern. Siehe nun . . . nach geschehener Abbittung / und versprochener Verbesserung wird er alsogleich von seinen unsichtbaren Banden aufgelöset / und gehet wiederum frey darvon.«

Einunddreißig Jahre später wird das Kindlein dann tatsächlich beraubt. In der Nacht steigt der Einbrecher durch ein Kirchenfenster ein, erbricht das eiserne Gitter zur Kapelle und nimmt ihm den Reichsapfel, den es in der linken Hand trägt. Dazu alle silbernen und goldenen Opfer, die bei ihm sind. Mit Entsetzen sehen am folgenden Tag die Karmeliter und die Gläubigen, was geschehen ist, aber laut verkünden sie ein neues Mirakel. Das Kindlein Jesu habe nämlich seine rechte segnende Hand ausgestreckt, um den gottlästerlichen Räuber abzuwehren, und deshalb habe er sich wenigstens nicht mehr getraut, das goldene Kreuzlein und anderen kostbaren Schmuck auch noch anzurühren.

Auch diese Geschichte wird bald weit über Prag und Böhmen hinaus erzählt. Im 68. Kapitel unseres Büchleins ist überliefert, daß »das Kindlein JESU wird begehrt, und verehrt von frembden Ländern, erzeiget sich alldort Gnadenreich«. Die Verehrung wird so groß, daß man Abbilder dieses Gnadenbildes haben möchte. ». . . dahero einer so billichen / als andächtigen Begierd ein Vergnügen zu leisten / seynd allhier einige theils auß Wachs / theils aus Holtz / unserem Gnadenreichen Kindlein JESU in der Grösse und Form / gleiche Bildnuß (so viel als möglich ware) gestaltet / und nacher Rom / Grätz in Steyermarck / Lintz in Ober-Oesterreich / und Wiennerisch-Neustadt in Oesterreich geschicket worden . . .« Das schreibt 1737 der Prior der Unbeschuhten Karmeliten, der Theologieprofessor Pater Emmerich vom heiligen Stephan. Er macht sogar beim Prager Christkindl so seine eigenen Beobachtungen: »Ich selbst / der dieses schreibe . . . fragte öffters einige Personhen ganz unversehens / wie das Kindlein JESU heut außsehe / oder ihnen vorkomme? Da war die einhellige Antwort aller: Gantz finster / und zornig: bald an einem anderen Tag: Gantz liebreich / und freundlich . . .« So findet er seine eigenen Beobachtungen bestätigt. Er ist nämlich überzeugt, daß das Kindl, sein Angesicht verändern kann, denn bald habe es ein Gesicht »als ein erschröcklicher Löw«, ein andermal ein Antlitz »als ein liebreiches Lamb«.

Unter den vielen Nachbildungen des Prager Jesuleins, die Gläubige bei sich zu Hause aufstellen, gibt es neben Figuren aus Holz und Wachs eine ganz besondere aus der Porzellanmanufaktur Meißen. Der berühmte Modelleur Kändler selbst hat das Modell im Formenbuch unter dem Mai 1743 vermerkt: »1 Christ Kindgen für den Herrn Grafen von Thun corrigiret und in tüchtigen Stand gesetzet. Solches Kindgen stehet auf einem Postament angekleidet, mit der Crone auf dem Haupte und in der linken Hand den Reichsapfel.« Dieses Figürchen ist wohl im 18. Jahrhundert nicht allzu oft hergestellt worden, und seit dem Jahr 1798 ist es auch in den Formenbüchern, welche die Stücklöhne für die Anfertigung in Porzellanmasse erhalten, nicht mehr aufgeführt.

Man nimmt an, daß Kändler diese Bestellung schon vor 1733 erhalten und ausgeführt hat, denn im Gegensatz zum Wachsbild jener Jahre trägt sein Abbild das Goldene Vlies, jenes erste Goldene Vlies, das dem Kindl allem Anschein nach bei dem Einbruch im Jahr 1733 gestohlen worden ist. Und auf-

Kindl mit dem Schloß an den Fingern; Kloster Reutberg

Gestanztes Andachtsbild; Paris, um 1880

grund seines Eintrags »corrigiret und in tüchtigen Stand gesetzet« darf man annehmen, daß er diese Form nicht zum ersten Mal in der Hand gehabt hat. Erst über hundert Jahre später, im Jahr 1910, wird Professor Hösel, der Direktor der Manufaktur, diese Gipsform, die die Formennummer 430 trägt, wieder ausformen lassen.

Aber noch einmal zurück zur Geschichte des Christkindls von Prag. Als Pater Ildephons nach Beendigung seines Generalates als Generalvisitator nach Österreich zurückkehrt, führt ihn der Weg auch nach Prag, und als er vor dem Gnadenbild steht, stellt er fest, daß der tallenbergsche Altar viel zu klein ist für die ungeheure Menschenmenge, die gläubig und neugierig hierher kommt. Ein neuer prächtiger Altar soll inmitten der Kirche, rechts von der Kanzel errichtet werden, denn hier kann das Kind von allen ungehindert gesehen werden.

Am 13. Januar 1741 kann der Altar geweiht werden. Pater Ildephons hält die große Lobrede auf das göttliche Kind, trägt es mit eigenen Händen auf seinen neuen Thron und verschließt es behutsam in dem neuen kostbaren, gläsernen Schrein.

Vom Jahr 1742 an ist Pater Ildephons Prior. Und er ist es auch, der die Kaiserin Maria Theresia, als sie in Prag zur Königin von Böhmen gekrönt wird, einlädt, das Prager Jesulein zu besuchen. Die Kaiserin kommt und schenkt dem Kindl ein kostbares Kleidchen und einen Mantel aus grünem Samt, den sie mit eigenen Händen genäht und bestickt hat. Zwei Jahre später stehen die Preußen vor Böhmens Hauptstadt. Daß die Stadt vor dem Schlimmsten bewahrt bleibt und es zur Kapitulation kommt, ehe Prag angegriffen wird, glaubt man dem Gebet zum Gnadenbild zu verdanken. So kommt es nach dem Abzug der Truppen Friedrichs des Großen zu einer feierlichen Dankesnovene, bei der selbst die Königin von Polen anwesend ist.

Dann rütteln die Stürme der josephinischen Aufklärung auch am Kloster der Karmeliten. Die Kirche wird einem Maltheserritter, Pater Johannes Raimond, übergeben. Das Konventgebäude wird Gymnasium, der Besitz des Klosters zum Staatseigentum erklärt, alles übrige, die kostbaren Votivgaben eingeschlossen, werden auf öffentlichen Märkten versteigert und verschleudert, ohne Rücksicht darauf, ob Menschen, die diese Gaben geopfert haben, noch leben oder nicht. Das Gnadenbild selbst aber wagt man nicht anzutasten; die Zahl der Verehrer ist doch zu groß, zu einflußreich.

Solange der Maltheserritter die Kirche betreut und den Ruhm des Gnadenkindes verkündet, erleidet die Christkindverehrung in dem Gotteshaus der ehemaligen Karmeliter keine Einbuße. Aber nach seinem Tod im Jahr 1808, also inmitten der napoleonischen Wirren, beginnt die Kirche immer mehr zu verfallen. Das Prager Christkind gerät nach und nach in Vergessenheit – über lange Jahre, gar über Jahrzehnte. Erst unter Pater Johannes Slansky soll das anders werden. Von Kloster zu Kloster gewandert war das Kindl, in einem ganz einfachen Bettlergewand, ohne Krone, ohne Schmuck, um seine Armut zu zeigen, aber überall wird es reich beschenkt. 1878 wird die Kirche restauriert und dem Gnadenbild ein neuer Altar aufgestellt.

Fünf Jahre später veröffentlicht Pater Josef Mayr ein Buch über »Das gnadenreiche Jesuskind in der Kirche Sancta Maria de Victoria zu Prag«. In der Folge beginnt der Zustrom der Gläubigen wieder beträchtlich zu wachsen.

Am 30. März 1913 erteilt Papst Pius X. dem Ordensgeneral der Unbeschuhten Karmeliten die Vollmacht, Prager-Jesulein-Bruderschaften zu gründen, nicht nur in Ordenskapellen, sondern auch bei öffentlichen Kirchen und Kapellen, auf daß die Andacht zum göttlichen Kind noch mehr gläubige Anhänger finde.

Als der Theologiestudent Karl Kaspar im Seminar in Rom ist, wird er von einem Seminaristen nach dem einst so berühmten Heiligtum gefragt, und er muß beschämt eingestehen, daß er es noch nie gesehen, geschweige denn davon gehört habe. Als aus dem Seminaristen nach Jahren der Erzbischof von Prag wird, gehört er zu den eifrigsten Verehrern des göttlichen Kindes. Er bestimmt, daß 1935 der katholische Nationalkongreß in der Kirche Unserer Lieben Frau vom Siege stattfindet und daß das Hauptthema »die Funktion des hl. Kindes im ›restaurare omnia in Christo‹« ist. Drei Pontifikalämter werden zu Füßen des Kindes gefeiert.

Stoffklebebild auf genadeltem Papier, um 1860

1936 tobt in Spanien der Bürgerkrieg, und der gleiche Erzbischof von Prag, Kardinal Karl Kaspar, bittet die Bevölkerung um Gebetsnovenen zum wundertätigen Kind, damit die Heimat des Prager Jesuleins vom Kommunismus befreit werde. Zum Dank dafür wird er von vielen Spaniern »El Cardinal del Niño de Praga«, der Kardinal vom Prager Jesulein, genannt.

Die Tage in Prag werden trostlos und düster. Als Kardinal Kaspars Nachfolger, Kardinal Joseph Beran,

Kindl aus dem Kloster Altomünster

Trösterlein aus dem Kloster Altomünster

Dieses um 1900 entstandene Bild ist am Gnadenbild »angerührt«

1945 aus dem Konzentrationslager Dachau heimkehrt, führt sein erster Weg zum Gnadenbild, um vor ihm eine Messe zu feiern. Zum Dank für seine Befreiung gibt der Erzbischof der alten Karmelitenkirche einen neuen Namen. Von nun an soll sie »Unsere liebe Frau vom Prager Jesulein« heißen.
Daß 1948 der Kommunismus auf dem Hradschin seine Fahnen aufzieht, kann dieses Kindl nicht verhindern, ebensowenig, daß der Kardinal mit anderen Bischöfen und Geistlichen interniert wird. Es wird wieder still um das Christkind von Prag, aber immer noch kommen Gläubige, die in ihrer Not bei ihm Zuflucht suchen. Das ist aber nur zu Gottesdienstzeiten möglich, denn sonst bleibt die Kirche geschlossen, Hilfesuchenden der Zutritt verwehrt. Heute stehen die Tore wieder offen und zu Füßen des Gnadenbildes, auf dem Kommunionsgitter, liegen Gebetszettel in allen Sprachen der Welt auf. Vergessen ist das Prager Christkindl nicht.
Noch immer, seit 1745, hat »das Pragerlein« bei den Englischen Fräulein in Mindelheim seine gläubigen Verehrerinnen. Noch heute wird dort ein Mirakelbuch geführt. Ist so manches Prager Kindl gerade in den Stürmen der Säkularisation in Vergessenheit geraten oder gar verschollen, so finden wir es noch heute im Kloster Himmelpforten in Würzburg, bei den Ursulinen in Wien und Innsbruck. Es hat seine Verehrer in Brüssel, wo ihm 1906 die Barnabiten eine Kirche erbaut haben, oder in Arezano, wo für das Prager Kindl um 1905 eine Kirche entstanden ist, die nach Aracoeli zur bedeutendsten Christkindlwallfahrt in Italien geworden ist. Auch in Venedig wird ein »Prager Jesulein« verehrt, in der altehrwürdigen Kirche Santa Maria di Nazareth degli Scalzi, in der Kirche der Barfüßer, ist eine Kopie zu finden. Daneben eine Plexiglasdose, in die Briefe und Zettel gesteckt werden, beschrieben mit den Sorgen der gläubigen Bittsteller.
In alle Welt hat das Prager Kindl seinen Weg gemacht: nach Deutschland, Österreich und in die Schweiz, bis nach Mexiko und in die Philippinen. In Loughrea in Irland wird es seit 1891 verehrt, und noch 1961 ist im fernen Indien eine Wallfahrt zum Prager Jesulein entstanden, nämlich in Nasik bei Bombay. Sogar in der Kapelle des New Yorker Flughafens findet man sein Abbild.
Wie gesagt, vergessen ist das Prager Jesulein nicht.

Es hat noch heute seine Verehrer in aller Welt, und einer seiner berühmtesten Künder war Paul Claudel:

»Das Jesuskind von Prag
Dezember. Die große Welt ist sicher tot. Es schneit noch immer.
Wie wohlig aber, mein Gott, dieses kleine Zimmer.
Das der Kamin voll rötlich schimmernder Kohlen
Färbt mit schläfrigen Widerspielen die Bohlen.
Kein Laut, nur das Wasser kocht ganz leise noch fort.
Oben, über den beiden Brettern, auf dem hölzernen Bord,
Unter der gläsernen Glocke, das Haupt von der Krone bedeckt,
Die Welt in der einen Hand, die andere ausgestreckt,
Jedes Kind zu empfangen, das sich befiehlt seiner Hut,
Fürstlich unter dem ungeheuren, goldigen Hut,
Allerliebst im feierlich steifen Mantel-Verschlag
Thront und waltet das Jesuskindlein von Prag.
Vor den Gluten, die es beleuchten, liegt es allein,
Klein und verborgen wie das Brot im heiligen Schrein,
So hütet das Gotteskind seine Brüderchen bis zum Tag.
Ungehörter noch als der Atem entweichend,
Füllt seine ewige Gegenwart das Kämmerchen, gleichend
All diesen armen Dingen, schuldlos und voll Einfalt.
Er ist bei uns, und gebietet dem Bösen Einhalt.
So darf man schlafen; Jesus, unser Bruder, wird wachen.
Er gehört uns, aber auch diese schönen Sachen:
Die herrliche Puppe und das Pferdchen aus Holz ist dabei,
Und das Schäflein, in der Ecke liegen die drei.
Wir schlafen, aber all diese guten Dinge gehören uns doch.
Der Vorhang ist zu... Weit weg, irgendwo noch
In der Nacht, im Schnee, hat eine Art von Stunde getickt.
Das Kind im warmen Bettchen versteht beglückt:
Ich schlafe und einer ist da, der mich mag.
Es regt sich ein wenig, es murmelt vag,
Rückt einen Arm ans Gesicht.
Möchte erwachen und kann doch nicht.«

Andachtsbild in Form eines Hauchbildes, um 1900

Trösterlein aus dem Kloster Reutberg

Wiegenkindl aus dem Kloster Reutberg

Das Salzburger Kindl

»Tu idem ipse es, et anni tui non deficient. Du bist eben derselbige, und deine Jahre werden kein End haben. Als wäre schon zu seiner Zeit alles geschehen, sah Isaias der Prophet die Geburt Jesu Christ, jenes Bethlehemitischen Kindes, vorhinein: Parvulus natus est nobis et filius datus est nobis. Ein Kind seye uns gebohren, und ein Sohn seye uns gegeben worden, lauten die Prophetischen Wort. Wie gnadenreich aber dasselbige seyn wurde, und seye, kann leicht abgenommen werden, auß dessen Namen und vielfältigen Ehren-Titlen; dann er wird genennet werden, vocabitur Nomen ejus, und in der That auch seyn, Admirabilis, Consiliarius, DEUS, Fortis, ein wunderbarliches, rathgebiges, Göttliches, starckes Kind ... Hochfürstliches Saltzburg! lasse andere in dergleichen Weheklagen erbrechen; du aber frolocke, und erfreye dich, da dich gegenwärtige Feyrlichkeit versicheret, daß du die Gnadenreiche Kindheit Jesu Christi an dessen so liebvoll- als wunderthätigen Saltzburgisch- oder Lauretanischen Christ-Kindlein schon hundert Jahr genossen und fürohin trostreich geniessen werdest.«

Das ist ein Ausschnitt aus einer von vielen Predigten, die uns in einem Buch überliefert sind, gehalten zur Säkularfeier des sogenannten Salzburger Jesuleins im Jahr 1751.

Hundert Jahre waren vergangen, seit das gnadenreiche, wundertätige Gnadenkindl zu Salzburg in der Öffentlichkeit zum ersten Mal von sich reden gemacht hatte. Keine Handspanne, ungefähr 10 Zentimeter, ist dieses Kindl klein, ein köstliches Kunstwerk, aus Elfenbein geschnitzt. Das kleine lockige Köpfchen hat es nach rechts geneigt, als ob es herunterschauen möchte auf die armselige Menschheit. Es ist durchzogen von hauchzarten Linien, um Zeugnis dafür abzulegen, daß es zerbrochen war und auf ganz ungewöhnliche Art wieder heil geworden ist. Es trägt glockige Kleidchen, reich mit Gold, mit Perlen und Edelsteinen bestickt und besetzt. Auf dem Köpfchen sitzt ein kostbares, goldenes Krönlein, in der rechten Hand trägt es ein Zepter; beides soll wohl Zeugnis ablegen, daß dieses kleine Kindl der große Gott ist, der Macht und Majestät hat, der mit Weisheit und Allmacht Welt und Weltall regiert. In der Linken trägt er das Kreuz als Zeichen seiner Liebe zu uns Menschen, Zeichen seines Opfertodes, auf daß wir Menschen Erlösung finden.

Der Künstler, der es angefertigt hat, ist uns nicht bekannt. Es muß so um das Jahr 1620 entstanden sein, da zu dieser Zeit eine Gräfin Oettingen der Mater Euphrasia Silberrath aus Offenburg – an einer anderen Stelle heißt es aus Laufenburg – diese Kostbarkeit geschenkt hat. Diese gottselige Klosterfrau hat im Kloster Säckingen in Baden ihre Ordensgelübde abgelegt, sie wurde zur Gründung eines kleinen Klosters nach Ensisheim in das Elsaß berufen und hielt ihr Kloster, wie es heißt, »in heiliger Zucht«. Auch dieses Kloster wird, wie so viele andere, ein Opfer des Dreißigjährigen Krieges, und

Andachtsbuch, neben dem Kind Votivgaben; Salzburg, 1778

Das Salzburger Kindl

wir dürfen annehmen, daß die Flucht vor den Schweden Mater Euphrasia nach Salzburg geführt hat, so sie 14 Jahre nach Ende dieses schrecklichen Krieges, im Jahre des Herrn 1662, verehrt von ihren Mitschwestern, ihr Leben im Herrn beschloß.

Zu der Zeit, als Mater Euphrasia Silberrath in Ensisheim als Oberin vorsteht, ist der Guardian des Kapuzinerklosters in Ensisheim ein Pater Chrysostomus. Dieser Pater Chrysostomus entstammt der Familie der Freiherren Schenk von Castell, er ist in der Schweiz, im Kanton Sankt Gallen, im väterlichen Schloß Oberbüren im Jahre 1581 geboren und gehört der schweizerischen Kapuzinerprovinz an. Schon von seinem Ordensvater, dem heiligen Franz von Assisi weiß man, wie sehr er den Herrn gerade in der Gestalt des Kindes verehrt hat, von ihm ist ja die Krippenfeier in der Höhle von Greccio im Jahr 1223 überliefert; und mit ihm nun wetteifert dieser Guardian des Klosters Ensisheim in der Verehrung des göttlichen Kindes.

Als er von dem elfenbeinernen Christkind der Mater Euphrasia erfährt, bittet er sie wieder und wieder, fast aufdringlich, ihm das Kind zur Verehrung zu überlassen, so lange, bis sie endlich zustimmt und es ihm leihweise übergibt. Von einer Aufzeichnung der Mater Euphrasia gibt es eine handschriftliche Kopie aus dem Jahre 1685. Darin schildert sie, wie es dazu gekommen ist, daß sie dem Kapuzinerpater Schenk das Kindl überlassen hat:

»Dazumahl war ein Capuciner P. Schenckh von Constanz, da ich ihm under andern sagte, wie das man mit ein so schönes und liebs Khindlein geschenkhet habe, begehrt ers von mir zu sehen, ich zaigte ihms. Und er sagte zu mir, das er auch ein solches haben mechte; dieser Pater war heillig noch in dißem Löben. Ains will ich erzöhlen, deren er vill gethan: Er raißete von Ensen auß unserer Statt, wo er Guardian war, und zoch auf Freyburg in Preißgau. Und als er gienge durch einen Wald, (durch den ich auch offt gangen bin) da siehet er ein Aicherlein auf einem Baum hin und wider springen. Er stehet still und sagt zu ihm, du khleines Creatürlein Gottes, was thuestu auf dem Baum, warum khomstu nit zu mir, und hilffest mir die Vesper betten: in einen augenblikh springts ihm von einer Achsl zu der andern, und wischt ihm sein Schwaiflein umb die Augen, als wollts sagen: Hie bin ich, was willstu. Und saße Ihme auf der Achsl still biß er sein Vesper ganz ausgebettet, und biß an die Statt Freyburg, darein er gehen wollt.

Da steht er still und sagt zum Aicherlein. Du Creatürlein Gottes, du bist ein wildes Thierlein, und gehörst nit zu den Menschen, sondern in den Wald. Geschwind mache dich wider hin, wohin dich Gott erschaffen. Sobalt er nur ausgerödt, springt ihm das Aicherlein wider von einer Achsel zur andern, und streicht ihm sein Schwaiflein wie vor umbs Angesicht, und springt wider in Wald auf die Bäum. Dißem Heiligen Vatter gabe ich mein Liebs Jesus Khindlein mit dißen Worten: Mein Pater Schenkh, hiemit so gibe ich euch mein Liebstes Jesulein, aber ich schenkh euchs nit, sondern ich leichs euch nur. Und wanns euch Euer Provincial nemen will, so laßt ihms nit, sondern gebts mir wider. Danweill ich jest so vill arbeith mit dem Closter Bau habe, und dem Lieben Jesus Khindlein nit abwarthen khan, wie ich schuldig bin, so leich ichs euch nur, und wan mein Closter außgebauet, alsdann so mueßt ihrs mir wider göben, das ich Ihme auch diene. Der Closter Bau hat sich in die 15 Jahr verloffen, das also der Heilige Vatter das Liebe Khindlein alleweill gehabt, und demselben mit großer Andacht gedienet. Als obs ein Lebendiges Khind wäre, hat er dasselbige alle Tag gespeißt und getrenckht, auf und nidergelögt, auch gebadet, und mit ihm in den Garten gefiehrt; und vill andere Andachten mit ihme gehebet, das als zulang wär alles zuschreiben auf ainmahl.

Wan er bei seinen Lieben Jesus Khindlein in der Zehl war, ist Er gar lustig mit Ihm gewößt, und fangt ainmahl an mit Ihm zu röden und sagt: Ey du khleines Lekherlein, wie hab ich nit alleweill sovill mit dir zuschaffen, ich mueß dich speißen, ich mueß dich trenckhen, ich mueß dich Paden, ich mueß dich auf und niderlögen, was habe ich nit nur alleweill den ganzen Tag mit dir zu schaffen: Darnach schwig er ein Weill still, und sagte alsdan an des Khindlein statt: (man sagt das Khindlein selbst hab diß gerödt, aber aus Demueth wollen die Capuciner nit, das mans wissen solle:) Ey du Pater Schenckh, was habe ich nit nur alleweill mit dir zuschaffen, ich ließ mich fir dich gaißlen, für dich krönen mit Dörnern, ich ließ mich für dich ans Kreuz naglen und bin gar für dich gestorben. Und da er alsdan gemörkht und gesehen, das alles nichts ist, was er getan gegen deme, was Gott fir ihme gethan und gelitten hate: da fieng er an zuschreyen und zuwainen yber seine Sünd, das alle Patres zuegeloffen, umb zusehen, was doch dem Pater geschehen, das er also geschryen und gejämert. Da fanden sie den fromen Pater in der Zehl sein Khindlein Paden; indem so leuttet man zu einer Tagzeit und er lögt entzwischen das Khindlein auf ein Sümbsen, und sagt, du bist Gott, du magst dich woll selbst behieten, ich muß in den Chor gehen; Aber sobalt er auß dem Chor gieng, eyllet er seiner Zehl und seinen Heiligen Khindlein zue: Da fand er aber sein Liebes Khindlein in 4 Stuckh zerbrochen: Der frome Pater fangt abermahl yberlauth zuschreyen, Main Khindl, Main Khindl; da laufen alle Patres und Brüder zue, und fragen Ihn, was Ihme doch geschehen wäre, warumb er also schreyet, und er zaiget ihnen die 4 Stuckh seines Jesus Khindleins. Indem so khlopft man zum Essen, da muesten sie alle weeg gehen, und der frome Pater lögt die 4 Stuckh seines Khindleins zusammen, und sagt mit wainenden Augen, du khanst dich woll wider selbst zusammen mahen, dan du bist Gott, hetest dich woll khönen behieten, wandu gewolt hetest und geht alsdan zum Essen. Nah dem essen lauffet er geschwind wider

Andachtsbild; Kupferstich, 18. Jh.

umb zu seinen Lieben Khindlein in die Zehl und da er kham, da fand er sein Khindlein wider ganz, als obs nie zerbrochen war gewesen, allein ein Zaichen, subtill wie ein Härlein, das mans sehen khan, wo es brochen gewösen war, da ware ein gar grosse Freud. Bald darauf kham der Pater Provincial und visitiret, da war die meist khlag nur wider den

Andachtsbild; Kupferstich, 18. Jh.

Pater: das er alleweill ein solche unruehe mit den Khindlein machet, das die Patres und Brüeder nie khein rhue vor Ihme heten. Solcher Ursachen halber nambe ihme der Pater Provincial (der mir gar woll bekhant war) das Khindlein und truegs mit ihme hinweg, das der liebe Pater khein Wort darumb wußte. Er gabe dem Pater Provincial auch das gelaith auf dem Wög schier ein Meill wögs: und da er wider haimb kham, lieff er eyllents seinen Khindlein zue. Da ers aber nimmer fande, da mörkht Ers woll, das Ihms niemand anders als der Pater Provincial genomen hete, und sagt bey Ihme selbst: Und wan du mir mein Khindlein schon genomen hast, so wird es doch nit lange bey dir bleiben, es wird balt wider bey mir sein. Der Pater Provincial gieng nun biß gen Freyburg in Preißgau zu den Capucinern in ein Stüblein, stöllet das Khindlein aufs Tischlein und vor dem schlafen gehen, bettet er darvor, und da Er am morgen widerumb aufstund, da war khein Khindlein mehr da, sondern ist selbst wider zu seinem lieben Pater gen Ensen geloffen.«

Das sind nicht die einzigen wunderbaren Begebenheiten, die man vom Salzburger Kindl erzählt. Im Jahre 1625 besteigt der fromme Pater den sogenannten heiligen Berg bei Salem. Beim Abstieg stürzt er; das elfenbeinerne Kindl, das er immer mit sich trägt, wird dabei gegen einen Stein geschleudert. Es bekommt einen großen Riß vom Scheitel quer durch den Körper bis zu der Hüfte. Abends im Kloster Überlingen läßt der Pater den Bildhauer Georg Hain rufen. Er soll den Schaden beheben. Aber der erklärt, das sei bei allem Geschick nicht möglich, die Schönheit des elfenbeinernen Kindes ginge dabei völlig verloren. Der Pater sagt voll Gottvertrauen, kommt Zeit, kommt Rat, verschieben wir die Sache auf morgen. Er betet noch am Abend vertrauensvoll zu dem Kind und siehe da, am nächsten Tag ist der Riß verschwunden. Als der Bildhauer das gesehen hat, soll er so beeindruckt gewesen sein, daß er bald darauf in den Kapuzinerorden eingetreten ist, um in seinem weiteren Leben als Baumeister namens Probus seinem Orden gute Dienste zu leisten.

Ein andermal, es war in Felsberg, wäscht der Pater Chrysostomus das Kindl und stellt es anschließend auf das Fensterbrett, um es von der Sonne trocknen zu lassen. Da fährt ein Windstoß in seine Zelle und

Andachtsbilder; Kupferstiche, 18. Jahrhundert

wirft das Figürchen zu Boden, daß es in zwei Teile zerspringt, und es geschieht genau das gleiche wie schon zweimal zuvor: das Kindl wird wieder heil. Und wieder ein anderes Mal fällt es dem frommen Mann aus der Hand auf den Boden und bekommt eine tiefe Narbe in der Stirn. Der Pater in seiner kindlich begnadeten Einfalt legt ein kleines Pflaster auf die Narbe und die Verletzung verschwindet, ohne die geringste Spur zu hinterlassen. Und wie bei all den anderen wunderbaren Erscheinungen werden auch hier glaubwürdige Zeugen benannt.

Viel gäbe es von dem Kind noch zu erzählen. Wie es seinem Betreuer zum Beispiel die Anfechtungen und die Verschlossenheit seiner Novizen offenbart, den teuflischen Geist in Gestalt eines Raben über ihren Köpfen erblickt und ihn verjagt. Oder wie es dem frommen Novizenmeister den heiligen Namen Jesu, den sich ein Novize in die Brust geschnitten hat, erkennen läßt, wie es einen kranken Geistlichen gesund macht und wie es, echt franziskanisch, die Tiere zu sich ruft, damit sie ihm beim Lob Gottes Gesellschaft leisten. Dabei sind es besonders die Lämmer, die seinem Rufe folgen.

In einem Kästchen, dem sogenannten Chrysostomus-Stammhäuschen, ist das Kindl auch nach Salzburg gekommen. Im Kloster der Kapuzinerinnen wird dieses Kästchen heute noch sorgfältig verwahrt.

Pater Chrysostomus Schenk stirbt im Rufe der Heiligkeit am 25. November 1643 zu Delsberg, dem

Andachtsbilder; Kupferstiche, 18. Jahrhundert

heutigen Delémont in der französischen Schweiz. Was dann mit dem Kindl geschehen ist, wissen wir durch den schon einmal genannten Bericht der Mater Euphrasia:

»In disser Zeiten aber, da ich noch auf der Raiß war, da stürbt der frome Pater. Der Pater Provincial von Herbstain, villen Menschen woll bekhant, der namb das liebe Jesus Khindlein zu sich. Er hate aber ein geistliche Frau Schwöster in einem Closter zu Diefendorff in Schwabenland. Dißer schenckht er mein liebes Khindlein, das ich khein Wortt darumb wußte, wüßte auch nit, das der Pater Schenkh gestorben wäre, und wußte gar nit, wo mein liebstes Khindlein hinkhomen wäre.

Unter andern auf meiner Raiß kham ich zu dem Closter darin mein Liebes Jesulein war, aber mir ganz unwissend, und batte umb Gottes willen umb ein Nacht Hörbrig. Da war eben die Frau von Herbstain, die mein Khindlein hate, an der porten, und ich habe Sie nie gesehen, und Sie auch mich nie. Und da sie aber höret das frembde Closter Frauen ankhomen waren, so khombt ihr gleich in Sinn. O das ist die Muetter Euphrasia, die wird dir dein Khindlein nemen: ich aber wußte umb alles nichts. Sie aber hete khein rhue, sondern liesse mich zu ihr in die Rödtstube khomen, und fragt mich, wo ich her sey khomen auß was fir einer Statt und Closter: ich sagte ihr von Enßen auß Elßas; Sie sagte es soll ein Closter Frau alldorthe sein, die heißt Euphrasia, khennet ihr sie nit, ich anttwortete, ia, ich khen sie gar woll. Sie sagte ferner, Sie ist gewiß schon gar alt, und ich sagte, ich vermain nit, sondern wird fast in eyren Aelter sein: Und sonst fragt Sie noch umb vill: Zu lözt sagt Sie, wie ich heiße, und ich sage, Muetter Euphrasia: Da erschreckht sie herzlich, und thuet ein grossen Schrey und sagt: O Jesus, wölt ihr mir mein Khindlein nemen, ich aber gedenckhet gar nit auf mein Khindlein, sondern verhoffte, es wäre gar woll verwahrt bey dem frommen Pater Schenckh, und gedachte doch, es ist gewiß etwas dahinder verborgen und sagte, ich bin darumb da, das ich mein Khindlein holle: Sie aber sagte, wan ihr mir mein Khindlein nit nehmen wollet, so will ich euchs zaigen! Sie hollet das Khindlein, und zaiget mirs: Ach Gott ich khennet mein Khindlein gleich gar woll, und sagte zu ihr: Ja freylich ist das mein Khindlein. Wan ihr mir vill Ducaten darumb wollet göben, ich gäbs euch nit, und da sie höret, das ich ihrs nit lassen wolt, da schlägt ihr das Feür zum Angesicht auß nach dem Khindlein, das sie mir von Herzen erbarmet. Ich gedahte bey mir selbsten, ... es wird mich mein Löbtag reyen, das ichs dieser fromen Closter Frauen, die so ein grosse Lieb zu dem Khindlein hat, genommen hab, und sage derowögen zu Ihr: Frau Maria von Herbstain, ich wills euch auch lassen, wie dem Capuciner; aber sobalt ihr sehet das ihr ein Khrankheit bekhomet zum Sterben, so schickhet mir alßbalt mein Khindlein bay ainem aignen Potten. Wan sie aber (davor Gott wolle sein:) solte gähling sterben, so bitte ich euch Frau Priorin, Frau Schaffnerin und Frau Custnerin, wie auch alle ölteste Frauen, so schikhen Sie mir mein Khindlein gleich. Sie verspröchen mirs alle nach meinen Begehren. Alsdan gieng ich auf salzburg, und war auf die 6 Jahr alda, und höret nie nichts von meinem Lieben Khindlein; Doch löztlich, so schreibt mir ein Closter Frau auß diesem Closter, in deren Brief zu under ist gestanden: Dieweill unser Liebe Frau Maria von Herbstain gestorben, so bitte ich, nemet mich an ihr statt an fir eure geistliche Tochter. Und doh ich das höret, das Sie noch ihren Verspröhen mir mein Khindlein nit schikheten: da war eben mein Liebste Frau Gräfin von Lodron bey mir; dißer erzöllet ich alles, wie es mit diesen Khindlein wär hergangen. Sie befehlte mir, ich solte das Khindlein nit dahinden lassen, sondern sols hollen lassen: ich schikhte gleich ein eigne Pottin dahin mit einen Brief an das ganze Convent, und an die Frau Priorin, die sollen mir mein Liebes Khindlein schikhen, aber sie geben mir gar khein anttwort auf mein Schreiben, und schikhten das Mensch lähr wider haimb: aber das Khindlein heten sie in grossen Ehren, und sözten es gar in den Tabernakhl nöeben dem Höhsten Guett. Ich khlagte es Ihro Hochfürstlicher Gnaden dem Erzbischoff Paris Graf Lodron Hochseeligsten gedechtnus. Dieser sagte, ich sole nit nachlassen, sonder soll gleich wieder schikhen, und solles von allen, auch von dem Beichtvatter mit ernst begehren; ich that es, und sagte zur Pottin, wan sie mir mein Khindlein nit schikhen, und ihnen alssdann ein Unglikh geschehe, so sollen sie nur nit fragen, warumb es geschehen seye, dan das Khindlein gehört ia der Muetter Euphrasia zue, und sonst Niemand. Indem die Pottin ausgerödt, khombt die Frau Priorin ein solche Forcht an, das sie an Händ und Füessen und am ganzen Leib gezütteret, und schier wöder gehen noch stehen, auch schier nit lauth röden khunte. Zuelözt sagt sie zur Pottin, wollet ihr warthen, so will ich euch das Khindlein bringen, und gehet voller schrökhen, und bringt das Khindlein der Pottin und gehet wider daruon, das khein Mensch im Closter nichts daruon gewußt: Indem so khomen zway andere Closter Frauen, ein Chorfrau und ein conuers Schwöster, die auch under den Jenigen gewösen, so geschworen, mir das Khindlein mein Löbenlang nit mehr zugöben: Diße lachen die Pottin nun auß, und sagen zu ihr Spott weiß, wolt ihr das Khindlein haben: Zu Lötzt sagt das Mensch: O ich habs schon. Sie aber wolten es nit glauben, aber das Mensch

Andachtsbild; Kupferstich, 18. Jahrhundert

zeigte es Ihnen; da erschrökhen Sie von Herzen, und die aine under dißen zwayen, die schlägt die Händ ob dem Khopf zusamen, und schreyet: O das Gott erbarm, alles glickh und Hayl ist auß unseren Closter; erst göstern hat ein hochbetriebte Persohn auß unsern Schwöstern vor dem Lieben Khindlein bettet, und mit haissen Zähren Ihme ihr noth geklhagt, so hat das Khindlein zwaymahl sein Äuglein aufgethan gegen ihr, und da solches die Pottin gehört, besorgt Sie, man mecht ihr das Khindlein widerumb nemen, darumben sie eyllents darvon geloffen und mir mein Khindlein wider bracht.«

So war nun das Kindl in Salzburg und sein wundertätiger Ruf ist durch Stadt und Land gegangen. Die Gläubigen strömten zum göttlichen Kind im Kloster der Kapuzinerinnen, brachten ihre Gaben und legten sie ihm gläubig und voller Vertrauen zu Füßen. Es sind nicht nur Bauern und Bürger, die zu diesem göttlichen Prinzen wallfahrten. Fürsten und Adelige wetteifern mit Geschenken für ihn. Es ist eine Aufstellung aus dem Jahre 1754 erhalten, die genau berichtet, woher die kostbarsten Kronen und Kleidchen des Kindes kommen. Dieses Zeugnis sei zitiert, da es zeigt, daß der Glaube, daß die Zuneigung zu dem elfenbeinernen Kindl bei den Kapuzinerinnen in Salzburg nicht nur ein Anliegen des ach so einfältigen Volkes gewesen ist, daß vielmehr das Vertrauen zu ihm bis in die höchsten Gesellschaftsschichten gereicht hat. Und weil damals in der ständischen Gesellschaft alles seine Ordnung hat, will auch alles nach Rang und Stand geordnet sein. Folgerichtig beginnt das »Verzeichniß / Deren dem heil Kindl gemachten Opfer und Verehrungen« mit der Kaiserin »Ihro kaiserl. Majestät Elisabetha römische Kaiserin verehret ein von eigner Hand mit Perln gesticktes=rothsammetes Kleidl.

Ihro königl. Majestät die verwittibte Königin aus Pohlen ein schönes Kleinod von hohen Werth.

Ihro churfürstl. Durchlaucht Churfürstin Adelheit ein kaiserl. Kron, einen grossen goldenen Ring, ein Kreuz an einer Ketten, alles mit Diamanten reich besetzt.«

Es ist übrigens die bayerische Kurfürstin, die Gemahlin des Kurfürsten Ferdinand Maria, die Mutter Max Emanuels.

»Ihro durchl. Fürstin und Frau Maria Anna Herzo-

gin von Sagan, Fürstin von Lobkowitz ein goldenes Krönlein mit kostbaren Steinen versetzt.
Ihro fürstl. Gnaden Fürstin von Lamberg, gebohrne Gräfin von Harrach ein von puren Gold mit Diamant und Smaragd reich geziertes Krönlein.
Ihro fürstl. Gnaden Fürstin von Schwarzenberg, ein mit Gold und Perlen reich gesticktes Kleidl.«
Aber es sind nicht nur die Damen der hohen und höchsten Gesellschaft, die dem Lorettokindl so kostbare Geschenke bringen.
»Ihro hochgräfl. Excellenz Herr Graf von Thun opferte ein ganz goldenes Herzl.
Ihro Gnaden Herr von Füll etc. einen grossen von silber kostbaren Tabernakel.
Ihro gräfl. Excellenz von Lodron ein goldenes Krönlein mit Rubinen besetzt.«
Einst einmal bekannte Namen kann man in diesem Verzeichnis lesen: die Grafen von Nostiz und Montfort, Truchseß und Kuenburg, Herberstein, Nothaft und Preysing schenken kleine Kronen und Zepter, kostbaren Schmuck, Edelsteine und Perlen. Mittendrin taucht sogar auch eine bürgerliche Stifterin auf, die aufgrund ihrer Schenkung für wert befunden wird, in diese erlauchten Reihen aufgenommen zu werden. Es ist die Helena Tekelin, geborne Zirnin, die dem Lorettokindl verehrt: »ein silbervergoldt, auch mit Diamanten und Perlen versetztes Postament; item ein Krönlein und Scepter von Gold mit Perlen und Diamanten versetzt, wie auch ein Röcklein mit achtzig Diamanten, und tausend grossen Perlen gestickt, sammt einem Mantel von Goldprocat, und einem kostbaren Altartuch mit Gold gestickt«.
Schenkt im Jahr 1735 die Gräfin Lodron dem Kindl, wie es heißt, »eines ihrer schönsten Hochzeitkleidern, sammt einen Beytrag mit 100 fl. daraus der grüne an gold und silberreiche Ornat ist verfertiget worden«, so hat sieben Jahre später, 1742, »die Freye Reichs- Hoch- und Wohlgebohrne Fräule Maria Antonia Gräfin Schenk von Kastell« für das Christ-

Geklebtes Stoffbild auf genadeltem Papier, um 1840

kindl bei den Kapuzinerinnen ein besonderes Geschenk. Der Pater Chrysostomus war der Bruder ihres Großvaters. Der Pater hat ja das Kindl in einem einfachen hölzernen Kästchen, dem sogenannten »Stammhäuschen« mit sich getragen. Und die Großnichte nun hat »über das hölzerne Stammenhäusl, in welchem ersternannter P. Chrysostomus das Gnadenkindlein verwahret, und selbes solchergestalt unserer lieben Mutter Euphrasia zugestellet ward, ein von purem silber zierlich und mit einer

Geklebtes Stoffbild auf genadeltem Pergament, um 1840

Bürgerstand allhier und andererorts hat sich nicht minder mit ansehnlichen und grossen Gaben dem Kindlein eingestellt, so daß nicht alle und jedes könnte aufgezählt werden ... Hoch-Gräflich- und Hoch-Freyherrlichen Häusern in grosser Menge, beeyfern sich dasselbe mit Cronen, Sceptern, kostbaren Kleydern, unzahlbaren Perlein, Jubellen, Edelgesteinen, und tausend andern Kostbarkeiten zu zieren, und herauß zu schmuecken. Es neigen sich vor ihme Cronen und Scepter der Welt, es biegen ihre Knye grosse Ertz-Bischoff, Reichs- und Land-Fürsten, es fallet ihme zu Füssen ein gantzes Hochgeadeltes Saltzburg, mit Burgern und Bauren.«

Als der später so berühmte Historiker Pater Karl Meichelbeck aus Benediktbeuern junger Diakon und Student am geistlichen Konvikt der Salzburger Universität ist, werden die Studenten von der fürsorglichen Frau Maria Constantia, der Sakristanin und Apothekerin des Klosters, immer mit Arzneien versorgt. So kommt Meichelbeck am 28. August 1693 zum Kloster, um für einige Mitstudenten, die »an argem Kopfweh« leiden, Kopfwehmittel zu holen. Bei dieser Gelegenheit zeigt ihm die Schwester den Schatz des Lorettokindls. In sein Tagebuch trägt er ein: »Ich gehe mit Herrn Placidus nach Loretha, wo Du durch die Güte der Domina Constantia den Schatz des kleinen Jesulein siehst, im besonderen:

1. Jene Kleider und den Schmuck, die Frau Teckhely gesandt hat, sehr kostbare Stücke.

2. Weitere kleine Togen (Gewändern) und Schmuck, ungefähr 10, alle sehr kostbar.

3. Eine Menge von goldenen Ketten.

4. Sehr viele Golddukaten (Anhänger).

5. Sehr vielen anderen Schmuck von hohen Wert.

Innschrift versehenes Kästlein verfertigen lassen. Zu dem hat sie auch 300 fl. in barem Geld erleget«. Dieser kleine, feuervergoldete, prächtige Barockschrank zeigt vorne ein kleines Emailleschild, auf den das Schenksche Wappen gemalt ist, und wird im Kloster nocht heute sorgsam verwahrt.

Aber es waren auch Bürger und bescheidene Wallfahrer, die ihre Opfer nach ihrem Vermögen, ihren Möglichkeiten, zum Lorettokindl gebracht haben. So heißt es von den Salzburgern: »Und der löbliche

Papier- und Stoffbild auf grobem Tüll mit Papierspitzenrand, um 1860

6. Verschiedene Ringe von sehr hohen Wert.

7. Eine kleine Bischofsmütze (Mytra pontificia), eine Kaiserkrone, doch klein und dem hl. Haupt entsprechend, desgleichen eine Königskrone, einen Kurfürstenhut. Du siehst in Kleinarbeit viele (herrscher) Insignien. Die herzliche Zugethanheit der Frau Constantia erregt dein Gefallen."

Dieser kurze Bericht liegt in der Bayerischen Staatsbibliothek (München), Handschriftenabteilung, unter »Meichelbeciana 18«.

Auch in unseren Tagen bekommt das Kindl von dankbaren Gläubigen Schmuck. So hat zum Beispiel ein Fürst A. um 1970 als Votivgabe ein Armband mit sieben kleinen Herzen gebracht; für jedes seiner Kinder eines. Es ziert das lila Fastenkleidchen des Kindls als Borte. Sogar eine Krone hat es noch erhalten. Es mag anfangs der achtziger Jahre gewesen sein, als ein Bauarbeiter aus Oberösterreich in eine Betonmischmaschine geraten und schwerverletzt geborgen worden ist. In seiner Not hat er dem Lorettokindl eine Krone versprochen. Zum Dank dafür, daß ihm der Fuß nicht hat abgenommen werden müssen, hat er dieses fürstliche Geschenk unter großen Opfern bei einem Gold- und Silberschmied bestellt und 1984 ins Lorettokloster gebracht.

Mit welchen Sorgen haben sich die Gläubigen an das Lorettokindl gewandt und woher sind sie gekommen?

Das Kindl der Kapuzinerinnen in Salzburg war keineswegs nur für bestimmte Anliegen zuständig, es hat sich, wie es ihm gebührt, um alle Nöte angenommen. Das schon erwähnte Büchlein, das anläßlich der hundertjährigen Anwesenheit des elfenbeinernen Kindls in Salzburg 1751 erschienen ist und weitere Auflagen erlebt hat, trägt nicht von ungefähr den Titel »Lauretanischer Gnadenschatz / oder: Das in seine Bildnuß Kleine / In seinen Wundern Grosse / sogenannte Salzburger-Loreto- Oder Salzburger-Kindlein«. Dieses Büchlein wirbt kräftig, wie alle, die von Wallfahrtsstätten berichten, für die Wunderkraft des Gnadenbildes, indem es Beispiele von Gnadenerweisen aus den Mirakelbüchern zitiert. Die Gnadenerweise sind in nicht weniger als 16 Abschnitte aufgeteilt. Es wird dem »höllischen Feind« Herr, bekehrt verstockte Sünder, sorgt sich um Kindersegen, hilft bei Geburten, bei Krankheiten, gibt einem Tauben das Gehör und

Kupferstiche für Stoffdruck zum Einnähen in Lorettohemdl, 18. Jh.

einem Stummen die Sprache, hilft bei Krankheiten aller Art. Im Abschnitt 15 heißt es sogar, »das heilige Kindl wirkt Wunder in Feuers-Gefahren«.

»Nicht nur da die zehrende Feuersflamm alles zu verderben drohete, wurde bey dem wunderwürkenden Kindl Hilf gefunden, sondern selbes erhaltet auch selbsten sein heil. Bildnuß unversehrt. Zu Haag einem Marktflecken in Bayern entstunde ein so heftige Feursbrunst, daß es das Ansehen gewanne, der ganze Markt werde in die traurige Aschen vergraben werden. Fast das nächste Haus war der Frau Maria Elisabetha Öleichshirnin, als sie kein anders Mittel mehr sahe, wie sie sammt den Ihrigen sothaner Feursnoth entrinnen künte, schöpfte sie steifes Vertrauen zu den lauretanischen Gnadenkindl; verlobte sich mit einem Opfer, und wurde Schadenfrey erhalten. Den 8. Octb. 1699.«

Und ein anderes Mirakel, in dem bei einem Brand ein wächsernes Abbild des Salzburger Kindls eine Rolle spielt: »Als den 24. Junii 1713, am Fest des heil. Johannes des Taufers am Mittag sich ungefehr am Himmel ein Ungewitter zusamm gezogen, und Herr Jacob Hülzensauer Advocat und Universitatis Novarius in seinem Schlafzimmer nächst dem Altärl einen Waxstock gewöhnlicher massen anzünden lassen, sodann in gutem Vertrauen darvon gangen, und sammt denen Seinigen zu Tisch gesessen, wurde während-selber Zeit das ganze Altärl (in dessen Mitte ein von Wax poßirtes lauretanisches Jesuskindl in einem verglaßten Käpslein stunde) von der Flamm ergriffen, jedoch zeitlich ersehen, und (Gott sey ewiger Dank!) glücklich gelöschet. Das Jesuskindlein aber, obwohlen von Käpslein die halbe Seiten verbrunnen, und das Glas völlig zersprungen, auch die oben und neben gehangene wäxerne Frucht zerschmolzen, und anders mehr durch das Feuer verzehret wurden, ist unverletzt gefunden worden.«

Von den Ursulinerinnen in Preßburg wird, wie es heißt »glaubwürdig«, erzählt, daß am 14. Juni 1772 in der Vorstadt ein Feuer ausgebrochen ist, von dem man hätte meinen können, es lege die ganze Vorstadt in Schutt und Asche. Da hat »eine Klosterfrau mit einem anberührten Loretokindlein das heil. Kreuz-Zeichen über das tobende Feuer gemacht und dardurch den androhenden sehr grossen Schaden glücklich abgewendet«.

Die meisten Anliegen gelten natürlich den Krankheiten; ihre Heilung ist fast immer unmittelbar auf das Gnadenbild bezogen. Aber es gibt auch immer wieder einmal, wie ja gerade erzählt, die Hilfe durch einen anberührten Gegenstand, durch die wächserne Kopie des Gnadenbildes, durch die kleinen Lorettohemdlein oder Lorettohäubchen für kleine Kinder, aber auch durch einfache, am Lorettokindl berührte Andachtsbilder.

»Fr. Ambrosius Kremer, Karthäuser zu Buxheim, welcher ein von denen Wohlthaten des Gnadenkindleins gedrucktes Büchl sammt etlich anberührten Bildlein bey Handen hatte, bekennet glaubwürdig, er habe einem aus Allgey jährlich dahin kommenden Bauern eines von berührten Bildlein geschenkt. Als aber der Baur mit diesem nach Haus kommend erfahren, daß seine Nachbäurin schon drey ganze Wochen des natürlichen Schlafs beraubet, auch jedermann für verzaubert gehalten, massen alle menschlich-angewendte Hülf nichts verfangen wollte, wird der Kranken das Bildlein mit besondern Vertrauen auf das Herz geleget; darauf sie nicht allein ihren natürlichen Schlaf, sondern auch die völlige Gesundheit erhalten. Den 4. Julii Anno 1711.«

Bis nach Buxheim, nahe Memmingen, hat sich also herumgesprochen, daß bei den Kapuzinerinnen in Salzburg eine kleine Christkindlfigur verehrt wird, ein Gnadenbild, das schon vielen Menschen hat helfen können. Dabei ist Buxheim noch lange nicht am weitesten entfernt. Bis von Wien, Linz und Eisenstadt im Burgenland, von Andernach am Rhein und Ensisheim im Elsaß, von Neresheim, aus dem Böhmischen, Mährischen und Schlesischen, von Meran und Bamberg wenden sich die Gläubigen zum Lorettokindl; aber am meisten aus dem Salzburger Umland und aus dem alten Herzogtum Bayern, aus München und Straubing, Ingolstadt, Traunstein und dem nahen Reichenhall, um wenigstens ein paar Namen zu nennen.

Im Jahre 1731 wird dem Gnadenkind in der Lorettokirche ein eigener Altar errichtet. Am Schutzengelfest des gleichen Jahres wird es feierlich dorthin übertragen und in einem kostbaren Tabernakel zur Verehrung ausgesetzt.

Immer allgemeiner, immer größer wird das Vertrauen zu dem Lorettokind. Seine Gnadenerweise erzählt man sich im Salzburger Land und weit über dessen Grenzen hinaus. Und wie groß das Vertrauen

Geschnittener Kupferstich mit hinterlegtem Stoff und Strahlenkranz, 18. Jh.

geworden ist, kann man am Jubelfest 1751 erkennen, das mit einem unerhörten Aufwand an Feierlichkeiten begangen wird, um dem kleinen Kind Dank zu sagen für alle seine Gnaden. Berühmte Benediktinerpatres jener Zeit aus den Klöstern Oberaltaich und Niederaltaich, aus Metten und von der Hochfürstlichen Salzburgischen Universität, preisen in ihren Predigten die Macht des Kindes und verkünden die Wunder, die es vollbracht:

Geschnittener Kupferstich, mit Stoff und Folie hinterlegt, 18. Jh.

»In unserem Gebürg wurde ein besessene Person beschworen, der Teuffel lachte überlaut während der Beschwörung, man fragte warum? was dieses Gelächter bedeute? Der Geist wolte nicht reden, auß Zwang der Beschwörung bekennte er, er habe gelacht, weil der both das Kind zerbrochen. Was für ein Kind? Da ware der Höllen-Geist abermal stumm, der Priesterliche Gewalt lösete ihme auch diesesmal die Zung: Der Saltzburgische Fratz, sagte er, der ist zerbrochen. Niemand wußte etwas von allen disen, bis über etliche Stunden der both angekommen, und dem Ehrwürdigen Priester das zerbrochene, am Original angerührte Loretto-Kindlein behändigte; da allererst wütete der Teuffel, da plagte er die arme besessene Person, und mit disen bezeigte er, daß dieses Gnaden-Kindlein sogar in seinen berührten Bildnussen seye fortior superveniens, einer weit, ja unendlich sigreicheren und stärkeren Macht, als er; gabe destwegen diser höllische Spöttler unserem Lauretanischen Jesulein die verächtlichste über Spitz- und Spott-Nämen, hiesse ihne auß denen Besessenen den Lauretanischen Klotzen, den Saltzburgerischen Brocken, oder Fratzen, und dergleichen mehr.

Es wolte der Tyrannische starcke Höllen-Feind an unserem Göttlichen Kindlein jene Grausamkeit erneuern, welche Herodes an dem Bethlehemitischen Jesulein außzuwürcken trachtete. Herodes wolte Jesum in seiner Kindheit ermorden; der Teuffel unser Jesu-Kindlein gäntzlich vertilgen. Zu disem End befahle er einer ihme verschworener, mit Blut verschribener Hex, sie solte den Tabernacul erbrechen, das Kindlein herauß reissen, und in Stucken zerschlagen. Lang wolte sich dise Unhold nicht daran wagen, endlich bezwungen, eröffnet sie das Gnaden-Kästlein, will nach dem Kindlein greiffen, sehet Wunder! das elffenbeinerne Kindlein schlagt mit beyden Händlein gegen diser vermessenen Teuffels-Dienerin, ja es ware ihr, als fallete der gantze Himmel über sie zusammen, name eylfertige Flucht; hat also diser höllische Herodes an unseren, eben so wenig außgewürckt, als jener grausame Tyrann zu Bethlehem. O dann warhafftig, ist der Teuffel fortis armatus, ein starck bewaffneter Feind, so ist unser Jesulein fortior superveniens, von weit stärckerer Macht: wie billich dann gebühret ihme der lobreiche Namen Fortis, eines starck- und siegreichen Helden...«

Niemand hat an disen festlichen Tagen wissen,

auch nur ahnen können, welch aufregende Zeiten vor der Tür stehen. 1796 rücken die Franzosen Richtung München, und es kommt der Befehl, daß die Frauen vom Nonnberg nach Schwarzach flüchten sollten, die Ursulinen nach Hundsdorf und die Schwestern von Sankt Maria Loretto nach Radstadt. Noch einmal geht die Gefahr vorüber, aber in den Dezembertagen des Jahres 1800 flieht der Erzbischof nach Böhmen, die Glocken der Stadt Salzburg schweigen, und die Schwestern harren in der unheimlichen, lähmenden Stille ängstlich der Dinge, die da kommen sollen, und sie bangen um ihr Kindl. Zwei Tage währen die Kämpfe am Walserfeld zu Füßen des Untersbergs, und am Luzientag, am 13. Dezember, ziehen französische Truppen mit klingendem Spiel in Salzburg ein.

Das Salzburger Gnadenkindl bleibt in diesen Tagen unberührt. Der Wiener Friede setzt der Kriegszeit ein Ende. Aber es kommen das Hungerjahr 1816 auf 1817 und in der Folge die große Teuerung und endlich jener für das Lorettokloster schreckensvolle 30. April des Jahres 1818:

». . . am Fest Christi Himmelfahrt, um ½ 1 Uhr nachmittags, ist in der Pagerie eine erschröckliche Feuersbrunst entstanden, daß in einer halben Viertelstunde alle Gebäude, die Kirche bei der heiligen Dreifaltigkeit, das Priesterhaus, St. Sebastian, der Lodronsche Palast Mirabell, unser Kloster und die Kirche, die Häuser in der Bergstraße, die ganze Seite der Linzergasse, alles wurde von dem Feuer verzehrt, da bei 120 Häuser abgebrannt, fünfzehn Personen verbrunnen. So wütend war dieses Feuer, daß in dem Friedhof zu St. Sebastian die Grufter aufgesprungen, daß man die Toten hat liegen gesehen, ja einige Tote sind in ihren Gräbern verbrunnen. Das Feuer war auf der Erden fortgeloffen und einige Häuser haben unterher angefangen zu brinnen . . . Zwei geistliche Herren sind uns zu Hilf kommen, welche das Höchste Gut und den Heilig-Kindl-Schatz mit sich getragen; mit diesen sind auch neun Kloster-

frauen mit fort. Niemand hat uns nicht mehr zuhilf kommen können wegen der großen Hitz. Es ist auch kein Tropfen Wasser zum Löschen verwendet worden. Zehn Klosterfrauen haben sich nicht mehr flüchten können, sich also mit dem heiligen Gnadenkindl in den Keller begeben und gleichwohl ihr Schicksal erwarten müssen, aber Gott sei Dank, daß wir mit dem Leben davon kommen. Jedermann hat es für ein Mirakel gehalten und solches unserem Gnadenkindl zugeschrieben...«

Die Kirche und das Kloster waren ausgebrannt, nichts war geblieben als Trümmer und schwarzgebrannte Mauern. An einen Wiederaufbau hat in jenen Tagen wohl niemand glauben wollen. Doch die Kapuzinerinnen sagten sich in gläubigem Gottvertrauen, bei Gott ist kein Ding unmöglich, war ihr größter Schatz, das Lorettokindl gerettet, warum sollte für dieses Kind nicht ein neues Haus Nazareth entstehen. Ihr Vertrauen wird tatsächlich belohnt. Ein Handelsherr, Anton Haslauer mit Namen, macht Front gegen den »ungnädigen Herrn Visitator und die Regierung« und übernimmt die Bauleitung. Salzburger Bürger und Kaufmannsfamilien helfen ihm bei seinem Vorhaben, und am 25. Juli 1819 kann das Gnadenbild in die wiedererbaute Lorettokapelle einziehen.

Am 22. Juli 1852 rollt der Donner von 50 Kanonenschüssen von der Festung über die Dächer der Salzachstadt. Er kündet den Beginn der zweiten Jahrhundertfeier zu Ehren der zweihundertjährigen Anwesenheit des Gnadenkindes in Salzburg. Zu Tausenden und Abertausenden strömen die Gläubigen von allen Seiten zu dem kleinen elfenbeinernen Kindl bei den Kapuzinerinnen und zeigen, daß die Stürme der Aufklärung ihrer gläubigen Zuneigung keinen Abbruch haben tun können.

Und wieder kommen von nah und fern die Hilfe- und Trostsuchenden. Es ist die gute alte Zeit, in der es sicher viele Menschen gibt, die zu dem Kind nicht nur in seelischer, sondern gar oft auch in mate-

Am Gnadenkindl anberührte Lorettohemdl, 19. Jh. und um 1900

rieller Not kommen. Aus dem hochfürstlichen, geistlichen Salzburg war eine k. u. k. Stadt geworden. Im Jahr 1848 besteigt Franz Joseph I. als Kaiser von Österreich und König von Ungarn und Böhmen den Thron der Habsburger. Wenn auch wiederholt die Flammen des Krieges und nationaler Leidenschaften hochzüngeln, es ist eine Zeit der Entfaltung und des Glanzes.
Erst die Schüsse von Sarajewo beenden diese Zeit. Vier bittere Jahre Krieg, die Donaumonarchie bricht auseinander, das Kaiserreich versinkt, Österreich wird Republik, es kommt die großdeutsche Diktatur, mit ihr der Zweite Weltkrieg.
Aus der Vergangenheit wächst die Gegenwart, aus der Geschichte wird für viele, auch heute noch, persönliches Erlebnis. Folgen wir der kleinen Festschrift, die das Kloster zur Feier der dreihundertjährigen Anwesenheit des Gnadenkindls herausgebracht hat.

»Wie überall wurden auch in Salzburg Klosterräume angefordert und Kirchen gesperrt. Mit 1. August 1941 wurde das ganze Kloster, ausgenommen die Kirche, für die Deutsche Reichspost beschlagnahmt. Bis Oktober mußte alles geräumt sein ... Ein Großteil der Schwestern mit Pater Spiritual wurde im Kloster Nonberg mit echt benediktinischer Gastfreundschaft aufgenommen ... Vier Schwestern mit der würdigen Mutter und dem Gnadenkindl konnten notdürftig in Loretto bleiben. So war es möglich, auch die Ewige Anbetung untertags von 5–20 Uhr mit den üblichen Gottesdiensten weiterzuführen. Wieder stand ein Kapuziner am Beginn des neuen Weges; zeigte sein Ziel, lehrte den Geist der unbedingten Hingabe an den Willen Gottes, ... auch am Vorabend des 11. November 1944, an dem die Kirche zerstört wurde. Es war wie so oft: Sirenen heulten, die Kirche wurde gesperrt, zwei Schwestern hielten vor dem Allerheiligsten stille Wacht. Feindliche Flieger bedrohten die Stadt. In letzter Minute, als schon Bomben fielen, trug Mutter Oberin das Sanktissimum und das Lorettokindl in den Luftschutzkeller und bat um die Gnade, beides unversehrt wieder auf den Altar zurückbringen zu dürfen.
Nach kurzer Zeit war Maria Loretto von Bomben getroffen, das Kloster schwer beschädigt, die Kirchengewölbe eingestürzt, das Heiligtum mit Schutt erfüllt, die Einsiedelkapelle verschwunden, die Gruft darunter durchgeschlagen. Geblieben war das Kreuz des Herrn. Unversehrt hing es über dem Trümmerhaufen.
Auch jetzt wieder rechnete niemand mit der Möglichkeit, daß Maria Loretto wieder erstehen könne ... aber das Haus des Herrn sollte wieder erste-

Wallfahrtsbild; Farblithographie, um 1900

hen, das Gnadenkindl wird helfen. Hat es doch sein Heiligtum vor dem vollständigen Untergang bewahrt, als ein Zeitzünder hinter seinem Altar stecken blieb und erst zwei Tage später von arbeitenden Schwestern entdeckt wurde. Unter dieser 500 Kilo schweren Bombe lag unversehrt der Aussetzungsthron des Gnadenkindes. Das war wie ein Wunder und weckte jenes unbegrenzte Gottvertrauen . . . und jene unverwüstliche Arbeitsfreude, die Loretto wieder aus den Trümmern hier entstehen ließ.«

Wenn man heute das Gnadenkindl bei den Kapuzinerinnen in Salzburg besuchen will, so sucht man es in der Kirche meistens vergeblich. Die Schwestern verwahren es im allgemeinen an der Pforte, im »Redzimmer«, im Sprechzimmer also, und das hat seinen guten Grund. Die Gläubigen klopfen nämlich an, um sich von dem Gnadenkind berühren, um es sich auflegen zu lassen. Sie knien vor dem Gitter, das die Schwestern von den gläubigen Besuchern trennt. Eine Schwester schließt ein Türchen auf, nimmt das kleine, kostbar gekleidete, gekrönte Gnadenkind aus seinem Gehäuse, reicht es durch das Gitter und legt es vorsichtig den Trost- und Hilfesuchenden auf die Stirn, ganz behutsam, dreimal. Kommt jemand häufiger zum Salzburger Jesulein im Lorettokloster, so wird ihm auffallen, daß es eine reiche Garderobe haben muß, denn es ist immer anders gekleidet, je nach Fest- und Jahreszeiten. An-

Stoffbilder auf einfachem und gestanztem Papier, um 1900

und Umkleiden darf es nur die Ehrwürdige Mutter, die Mutter Oberin. Immer, wenn sie es neu kleidet, wäscht sie das elfenbeinerne Figürl mit Kernseife in einem einfachen zweihenkeligen Tongefäß. Das Wasser aber darf nicht achtlos weggeschüttet werden. Es ist dem Klostergarten vorbehalten.

Das kleine Hemd, die Windel des Kindls, sie sind keineswegs immer weiß. Sie werden dem Kleid entsprechend ausgesucht. So sind sie zum Beispiel an Weihnachten gelb, denn Gelb bedeutet in diesem Fall so viel wie Golden. Alle anderen Hemdl und Windeln sind zwar weiß, aber unterscheiden sich an der Einfassung. Die Ehrwürdige Mutter hat einmal – es mag in den sechziger Jahren gewesen sein – erzählt: »Unterm Jahr passen die Leut schon sehr genau auf. Das glauben Sie gar nicht. Da kommen welche so oft, daß sie genau wissen, wann das Kinderl welche Kleider getragen hat, welche Kronen, welches Zepter, welches Kreuz.«

Wann nun wird das Kindl jeweils umgekleidet? Am Heiligen Abend bekommt es natürlich das reichste und prächtigste Gewand, das es besitzt. Es ist so reich bestickt und von echten Perlen übersät, daß man die Grundfarbe Rot fast nicht mehr sieht. In diesem Staatskleid erlebt es die Christmette, empfängt es am Neujahrstag den Erzbischof, in der Oktav den Weihbischof und, so lang man weiß, am 9. Januar den Erzabt von St. Peter.

Am 10. Januar wird das Lorettokindl dann wieder umgekleidet, zwar nicht mehr ganz so reich, aber immer noch prächtig genug. So bleibt es bis zum Sonntag Septuagesima, drei Wochen vor der Fastenzeit. Ab Aschermittwoch trägt es das lilafarbene Kleid der Buße, das es erst am Karsamstag ablegen darf, um zum Ostertag wieder die reichste seiner Roben anzulegen, zum Fest der Auferstehung Christi. Dieses Prachtkleid trägt das Kindl das Jahr über nur mehr an Christi Himmelfahrt und zu Pfingsten, sonst kleidet es die Mutter Oberin mit anderen reichen Roben aus seinem Kleiderschrank, ehe es im Advent wieder das lila Büßerkleid anlegen muß, denn der Advent ist schließlich Fastenzeit. Und immer, wenn es die Ehrwürdige Mutter gekleidet, wenn sie ihm Zepter und Kreuz in die Hände gegeben hat, krönt sie ihr Kindl von neuem, indem sie ein kleines bißchen Klebwachs aufträgt, damit die schwere Krone auch hält, das elfenbeinerne Köpferl aber nicht verletzt wird.

Mögen Menschen unserer Tage über all das überlegen oder auch liebevoll schmunzeln, so sollte man daran denken, daß es im Grund doch etwas Großartiges ist, wenn es in unserer ach so aufgeklärten Welt überhaupt noch ein paar Quadratmeter gibt, an deren Mauern die fortschrittsbesessene Hektik und der Rummel unserer Tage abprallt, hinter deren Mauern andere, zeitlosere, beständigere Formen und Werte ihre Gültigkeit haben. Und das spüren wohl all die, die ihre Sorgen voller Vertrauen zum Lorettokind tragen.

Noch heute nehmen Wallfahrer vom Kloster ihre Andachtsbildchen mit, noch heute nähen die Schwestern die kleinen sogenannten Lorettohemdchen, Hemdchen, die sogar dem Kindl zu klein wären, und noch heute stellen die Schwestern die Nachbildung des Chrysostomushäuschens her, in dem das Kind steht, im veilchenblauen Kleid, mit dem Vergißmeinnicht in der rechten und dem Kreuz in der linken Hand; seit einigen Jahren auch das prächtig gekleidete, gekrönte Kindl. Und alle diese Dinge sind, wie das seit über dreihundert Jahren Brauch ist, an dem Gnadenbild anberührt.

Es ist ein Kommen und Gehen; das Zutrauen zu dem elfenbeinernen Gnadenbild ist ungebrochen, und reicht weit über österreichische und bayerische Lande hinaus, bis ins Württembergische und ins Rheinland, ins Saargebiet und die Schweiz, ja bis Polen und gar über das große Meer nach Amerika.

Polen: 19. Dezember 1950.

»Ich wußte meine Freundin in bitterer Armut mit Mann und zwei kleinen Buben. Da ich sonst nicht helfen konnte, sandte ich ihr eine Postkarte mit dem Lorettokindlein. O wie hat sie sich gefreut, sie schrieb mir, als mein Brief kam, da betete sie gleich mit den Kindern, denn sie hatten kein Stücklein Brot mehr. Und am nächsten Morgen kam von einem unbekannten Spender Brot, ein halbes Pfund Butter und 50 Sloty. Es war gerade am Fest des heiligen Nikolaus.«

Chicago, Amerika, 17. Mai 1953:
»Unser innigster Dank und ein herzliches Vergelt's Gott für das Gebet. Das liebe Jesulein hat Euer und unser Gebet erhört und seine allmächtige Hilfe uns fühlen lassen. Die Mutter erhielt ihr Kind, das ihr ihr Mann entführt hatte, ohne weiteres wieder zurück. Tausendmal Dank dem lieben Jesulein von Salzburg.«

In dem kleinen Wallfahrtsbüchl, das man im Lorettokloster mitnehmen kann, in dem auch von der Geschichte des Salzburger Kindls erzählt wird, schreiben die Schwestern zu Beginn:
»Den Dekreten des Papstes Urban VIII. nachkommend, erklären wir Ordensschwestern im Kloster Sankt Maria Loretto, daß wir für die in diesem Büchlein berichteten Erzählungen und Gebetserhörungen nur menschlichen Glauben beanspruchen...«

Aber genau dieser Glaube ist es, der noch immer Menschen aus allen Himmelsrichtungen zum Kloster der Kapuzinerinnen in der Lodronstraße führt.

Gebetszettel; Lithographie, 1861

Das Kindl mit der Kuhschelle

Es ist ein Tag wie viele andere auch. Wolkenlos und strahlend blau ist der Himmel. Zum Greifen nah liegt das Dachsteinmassiv im Sonnenlicht. Zwei Hirten weiden ihre Herde. Sie hat sich ein wenig zwischen Sträuchern und Bäumen verlaufen, aber die Tiere sind zu hören. Die Kühe und Kalben muhen, die Ziegen meckern und die geschmiedeten Kuhschellen scheppern. Die beiden Hirten aber stehen beieinander und schweigen in den Tag hinein. Da hören sie mit einem Mal etwas läuten. Es ist ein sonderbarer, fremder, ein ganz anderer Klang, als sie ihn von den Kuhschellen ihrer Herde her kennen. Zwar auch eine Glocke, aber eine, die anders klingt, als die einer Kuh oder einer Geiß und schon ganz anders, als die einer Kapelle oder gar der Kirche. Es ist ein feines Klingeln, das nicht von dieser Welt sein kann. Erschrocken schauen sich die beiden an: Das kann nicht weit weg sein, ein paar Schritte vielleicht. Sie gehen diesem Klingeln nach und kommen vor ein kleines geschnitztes Bild des Christkindls. Auf einem halbverfaulten Baumstumpf steht es. In der rechten Hand hält es an einem langen Band die Glocke, die andere hebt es, als wolle es die beiden Hirten segnen. Das Kindl ist reich gekleidet, so reich, wie man hierzulande noch nie jemand gesehen hat. Es trägt eine Krone wie ein Fürst, ja wie ein König.

Da lassen die Hirten ihre Herde Herde sein und sie laufen und laufen, das Tal hinunter bis nach Altenmarkt. Atemlos erzählen sie dem Geistlichen ihr Erlebnis: Er soll es zuerst erfahren, denn Filzmoos ist ein Vikariat seiner Pfarrei. Und er entscheidet, daß die Angaben der beiden Hirten glaubwürdig sind und verfügt, daß dieses Christkind nach Altenmarkt überführt werden müsse. Hier soll es auch verehrt werden. So kommt es, daß das Christkindl in einer feierlichen Prozession, begleitet von den Hirten, Jägern und den wenigen Bauernleuten dieses Tales, nach Altenmarkt gebracht und dem geistlichen Herrn übergeben wird.

Es ist ein weiter Weg und es ist längst Nacht, als die letzten wieder nach Filzmoos zurückkommen. Als es Tag wird, hören die Hirten wieder dieses eigenartige Klingeln, suchen und finden ihr Christkindl tatsächlich wieder genau an der gleichen Stelle, an der sie es am Tag zuvor auch gefunden haben, auf dem halbverfaulten Baumstumpf. Diesmal wird das Christkindl mit der Kuhschelle in einer Prozession in die nahe Kirche gebracht, die dem heiligen Petrus geweiht ist. Und diese Kirche hat das Kindl von Filzmoos nicht mehr verlassen; bis zum heutigen Tag nicht.

An der Stelle aber, an der man das Kindl von Filzmoos gefunden hat, keinen Büchsenschuß von der Kirche entfernt, errichten die Hirten zur Erinnerung eine Säule.

So erzählt es jedenfalls die fromme Legende.

Und geschehen ist das vor dreihundert, vierhundert oder gar schon vor fünfhundert Jahren. So recht weiß nämlich niemand, wann es gewesen ist, auch

Druckbogen für Andachtsbilder; Lithographie, um 1860

Andachtsbild; Kupferstich, um 1840

wenn im »Verlag der Wallfahrtskrämerei in Filzmoos« eine »ausführliche Beschreibung der Wallfahrt zum gnadenreichen Jesukindlein in Filzmoos – als Andenken an das 400-jährige Jubiläum – 1874« erschienen ist. Aber folgen wir einmal diesem Wallfahrtsbüchlein des geistlichen Herrn und Professors vom Borromäum, Matthias Jäger:

»Obwohl nun niemand verpflichtet ist, diese fromme Sage zu glauben, so haben wir doch auch keinen Grund, an derselben zu zweifeln, vielmehr sprechen sowohl innere als äußere Gründe für die Wahrheit derselben. Wie viele andere . . . Wallfahrten verdanken . . . ihre Entstehung ganz ähnlichen Erscheinungen, die frommen Hirten zuteil wurden, und warum sollte der göttliche Heiland, der sich gleich nach seiner Geburt im Stalle zuerst den frommen Hirten von Bethlehem geoffenbart, sich nicht auch hier im Bilde seiner hl. Kindheit zuerst frommen Hirten geoffenbart und diese durch ein Glöcklein zu sich gerufen haben, wie er einst die Hirten von Bethlehem durch den Lobgesang der Engel zu seiner Krippe rief? Oder bei wem sollte Jesus, der ›gute Hirte‹, lieber verweilen, als bei frommen guten Hirten, und von wem sollte er, das ›Lamm Gottes‹, sich eher finden lassen, als wieder von einfachen demütigen Hirten? . . . Aber auch äußere Zeugnisse sprechen für die Wahrheit dieser Erzählung. Auf einem schon . . . 1772 wegen Alters fast unkenntlichen Antependium war der nämliche Ursprung bildlich dargestellt, und schon damals versicherten die ältesten Leute, von ihren Eltern und Voreltern den Ursprung nie anders erzählt gehört zu haben. Ja, schon . . . 1718 beschrieb Vikar Noder den Ursprung der Wallfahrt der Hauptsache nach ebenso; er schildert den Baumstock, auf dem das Bild gefunden worden, beschreibt dessen Übertragung nach Altenmarkt und besingt endlich in einem Gedicht von mehr als 150 Versen die Rückkehr des Jesuleins und dann dessen Aufenthalt in Filzmoos. Zu bedauern ist nur, daß uns weder die Zeit des Ursprunges, noch was sich von dieser Zeit an bis 1705 bei der Wallfahrt Merkwürdiges zugetragen hat, sicher überliefert ist.«

Im Jahr 1771 entdeckt der damalige Vikar Egger beim Herrn Apotheker Matthias Eggschlager zu Radstatt »eine ware Abbildung des Filzmoser'schen Christ-Kindls auf dessen Postamentl 1511 gemah-

Gebetszettel, am Baum Votivgaben; Lithographie, 1840/50

len« ist. Bezieht sich aber nun diese Jahreszahl auf den Beginn der Wallfahrt, die Auffindung des Kindls oder auf die Entstehung dieser Nachbildung? Spätere Vikare halten das Jahr 1511 für das Jahr der Erscheinung des Kindes, denn sie wissen nicht, daß bereits vier Jahre früher, im Jahr 1507, in einem Altenmarktischen Kirchenkalender der nach Filzmoos »excurrirende« Priester »Gracianarius« genannt ist, das heißt Priester der Gnadenkirche. Es muß also bereits eine Wallfahrt bestanden haben. Folglich müßte auch das Gnadenkind wenigstens an die zwanzig bis dreißig Jahre früher gefunden worden sein. So vermutet man, daß der Beginn der Wallfahrt mit der Einweihung der Kirche von Filzmoos zusammenfällt. Das wäre also um das Jahr 1474, denn in diesem Jahr weiht der Chiemseer Bischof Bernhard von Kraiburg die Kirche dem heiligen Petrus. Die Wallfahrt hat dann, so nimmt man

jedenfalls an, einige Zeit geblüht. Bis etwa 1530 mögen die Gläubigen mit ihren Sorgen zum Gnadenkind von Filzmoos gekommen sein. Die Abbildung im Besitz des Apothekers von Radstatt würde dafür sprechen.
Aber dann greift der neue Glaube, die Reformation, um sich, bis in die hintersten Täler findet die Lehre Luthers ihre Anhänger. Die Kirche hat keinen eigenen Seelsorger mehr, und die Wallfahrt gerät nach und nach in Vergessenheit. Erst als in der Filzmooser Kirche wieder regelmäßiger Gottesdienst gehalten wird, scheinen sich die ehedem so geschätzten Gnadenerweise dieses Kindes von neuem herumzusprechen.
Daß das Kindl, seit es erschienen ist, Wunder gewirkt habe, überliefert uns der Volksmund. Aufgezeichnet werden die Gnadenerweise erst vom Jahr 1705 an. Im Lauf von 67 Jahren verzeichnen die Seelsorger über zweihundert Gebetserhörungen. 1772 läßt sie der damalige Vikar Egger »zur größten Ehre des Göttlichen Jesu Kind« in Druck geben. Aber folgen wir hier doch noch einmal dem Wallfahrerbüchlein, das der geistliche Professor Matthias Jäger im Jahr 1874 veröffentlicht hat. ». . . leider hörten diese Aufschreibungen schon 1782 wieder auf und seit dieser Zeit geben nur mehr zahlreiche Votivtafeln Zeugnis von außerordentlichen Gebetserhörungen, die hier den andächtigen Wallfahrern zuteil wurden; . . . bereits 1708 erwirkte sich Vikar Paltram die Erlaubnis, ›die Bildnis der Kindlein auf den Weg aufzurichten‹. 1717 ließ Vikar Noder ein ›Christkhündlgebeth‹ drucken und im darauf folgenden Jahre schrieb er ›zu dessen größerer Ehr und Andacht der Wallfahrer‹ ›Die Grosse Glockhen des Großkhleinen, Lieb- und gnadenreichen Jesu-Khündlein zu St. Peter in Filzmoß, das ist: Wunderlies Herkhommen oder Ursprung und Würkhung dises göttlichen so genannten Glockenkhündlein‹.«
In ihm hat er die Wallfahrt in Filzmoos in mehr als 500 lateinischen Versen weitläufig beschrieben.

»Seitdem wurden zu verschiedenen Malen zahlreiche Bilder dieses Jesuskindleins und andere Wallfahrtswaren mit dem Bildnisse desselben angefertigt, auch wurde 1827, 1845 und 1864 eine kurze Erzählung vom Ursprung der Wallfahrt mit einem kurzen Gebetlein aus obigem Mirakelbüchlein des Vikars Egger abgedruckt. So fanden die zahlreichen Wallfahrer stets Mittel genug, ihre Andacht und ihr Vertrauen zum gnadenreichen Jesukinde zu erhalten und zu beleben . . .«
Heute sind auch die Votivtafeln aus der Kirche verschwunden. Wenige haben die Zeiten überstanden. Um 1970 sind noch auf dem Dachboden der Kirche einige wenige gelegen. Da war ein großes Bild: oben links die Muttergottes, oben rechts der heilige Joseph, in der Mitte aber das Filzmooser Kindl. Im Hintergrund steht ein Haus, davor sehen wir einen angeschwollenen Bach, in dem ein Kind treibt, einen Vater, der hilflos am Ufer mitläuft, über dem Kind schwebt der Schutzengel mit wallendem Gewand. Darunter steht geschrieben: »Zur schuldigen Danksagung für die glückliche Errettung des 2½ jährigen Knaben Joseph Ahornegger von Rabenpichl, der am 4. Juli 1862 in den Bach gefallen und 165 Klafter weit fort geronnen aber durch den Schutz von Oben aus der nahen Todesgefahr errettet.«
Vierzehn Jahre später hat wieder ein Gläubiger eine Votivtafel nach Filzmoos gegeben. Sie zeigt die Muttergottes, den heiligen Nepomuk und den Votanten und darunter erst ist das Kindl angesprochen: »O Jesu Du libreiches Kind / Verzeich mir alle meine Sind / Errete mich hier aus aller Noth / Nim mich zu Dir nach meinem Todt. / Ex Voto ma 1876.«
Die dritte ist eine einfache schmucklose Schrifttafel: »Dem gnadenreichen / Jesuskind / von Filzmoos / aus inniger Dankbarkeit. O.E.V. Schladming 1930.«
Das älteste der Votivbilder stammt aus dem Jahr 1776. Ein Gläubiger in der Tracht der Zeit kniet

Das Filzmooser Kindl

links unten, den Rosenkranz in den Händen, und blickt hinauf zum Kindl von Filzmoos. Das war damals alles, was an Votivtafeln noch erhalten war. Ähnlich ist es mit den Andachtsbildern. Zu Hunderten und Tausenden sind sie im Lauf der Zeit von hier aus mitgenommen worden, und wenn man heutzutage noch eines finden will, muß man schon besondere Sammlungen aufsuchen, und selbst dann ist es nicht sicher, ob in ihnen eines zu finden ist.

Zum Andenken sind von den Wallfahrern nicht nur Kerzen und Mirakelbüchlein mitgenommen worden, sondern auch Zinnamulette, gegossene, gut briefmarkengroße Filigrantafeln. Es gibt heute noch in Oberbayern, in Dießen am Ammersee, eine Zinngießerei, die Formen für Wallfahrtsamulette des Filzmooser Kindls besitzt. Ursprünglich sind es zwei Gießereien gewesen, die Rathgebers und die Schweitzers. Die Gießerei Rathgeber gibt es nicht mehr. Beide Firmen haben einst Wallfahrtsorte beliefert: nach Telgte im Münsterland und Kevelaer am Niederrhein, von Einsiedeln in der Schweiz bis Maria Zell in der Steiermark, ja bis Bologna. Und einer der vielen Wallfahrtsorte, die ihre Zinndevotionalien vom Ammersee bezogen haben, ist Filzmoos gewesen.

Zinndevotionalien aus Dießen am Ammersee, um 1850

In der Zinngießerei Schweitzer ist ein dickes Album erhalten, starke Blätter, auf die die einzelnen Muster in Blankgüssen mit Draht aufmontiert und beschriftet sind. Diese Gußformen, in Schiefer geschnitten, gibt es noch. Sie werden auch heute noch, immer wieder einmal, ausgegossen; für Liebhaber, denn Wallfahrer suchen diese Taferl heute nicht mehr, sie wissen gar nicht, daß es so etwas überhaupt einmal gegeben hat. Während die Wallfahrtstaferl ehedem nur blank, höchstens primitiv bemalt verschickt und nach dem Gewicht, nicht nach der Menge verrechnet worden sind, hat die Gießerei Rathgeber noch um 1960 Einzeltaferl sorgsam bemalt verkauft. Auch das Filzmooser Kindl. Und weil der Gießer und die Malerinnen in der Werkstatt nicht gewußt haben, daß das Filzmooser Kindl ein Glöckerl in der Hand hat, und sie das Glöckerl für ein Handtascherl gehalten haben, hat diese Form in der Werkstatt das »Christkindl mit dem Pompadour« geheißen.

Das Gnadenbild ist eine geschnitzte, bunt gefaßte, spätgotische Figur, von der Größe eines lebenden Kindes, 77 Zentimeter hoch. Es wird dem Gläubigen stehend gezeigt. Das lange Kleidchen verdeckt die eigenartig übereinandertretenden Beine. Auf dem Haupt trägt es eine barocke, vergoldete Krone, in der linken Hand hält es die Weltkugel, geziert mit einem Kreuz, die rechte Hand aber hebt es segnend, und zwischen den Fingern hängt an einer goldengewirkten Borte die Glocke.

Um 1776/77 hat das Gnadenbild die Krone erhalten. Wer sie für das Kindl angefertigt hat, wer sie besorgt oder geschenkt, wer das Kind endlich damit gekrönt hat, das alles ist nicht überliefert. Aber eines erzählt man im Volk, daß nämlich das Haupt des Kindes verletzt worden sei, als man die Krone befestigt hat. Und aus dieser hölzernen Wunde sei echtes Blut geflossen.

Das Haupt des Filzmooser Jesuskindls ist etwas nach vorne und zur Seite geneigt, die Haare sind

Andachtsbilder; rechts und links Lithographien, Mitte 19. Jh.; in der Mitte Stoffbild, 18. Jh.

kräftig in Holz geschnitten, die Augen sind groß und ein wenig abwesend, die Wangen haben leichte Grübchen. Halb lächelnd, halb wehmütig ernst schaut es den Gläubigen an. So ist es wohl einmal der Mittelpunkt des alten gotischen Altars gewesen, von dem wir nicht wissen, wie er ausgesehen hat; dann Mittelpunkt des barocken Altars, an den nur mehr die Figuren der beiden Apostel Petrus und Paulus erinnern. Und endlich ist es inmitten des neugotischen Hochaltars gestanden, den man erst bei der Restaurierung des Gotteshauses von 1959/62 beseitigt hat. Die Kirche ist mächtiger geworden und das Gnadenbild in ihr beherrschender als es wohl je war. In einem gläsernen Gehäuse schwebt es, umgeben von einem prächtigen Strahlenkranz, unter dem gotischen Gewölbe, über der schlichten, zeitlosen Mensa.

All die Jahrzehnte und Jahrhunderte sind die Menschen mit dem Gebetbuch und dem Rosenkranz in der Hand hierher gekommen, als Betende und Bittende, und nicht, wie so viele Zeitgenossen heute, mit dem Baedeker oder Dehio unter dem Arm, kunstbeflissen, aber dem Benehmen nach allzu häufig doch nicht stilsicher.

Die echten Wallfahrer zum Gnadenkind haben wenig nach Kunstepochen gefragt. Sie haben Hilfe gesucht und, wie die überlieferten Gebetserhörungen zeigen, auch gefunden. Gleich die erste aufgeschriebene Gebetserhörung vom Jahre 1705, die wie die darauffolgende auch mit einem Beglaubigungsschein versehen ist, zeigt, daß die Wallfahrt schon damals weitum bekannt gewesen ist.

»Lorenz Mayrhofer, Bürger und Maler von Hallein, litt an großen und langwierigen Kopfschmerzen;

Christkindl aus dem Kloster Reutberg

Trösterlein aus dem Kloster Reutberg

Gebetszettel; Lithographie, um 1840

seine Frau war ebenfalls schwer krank. In diesem seinem Elende wendet er sich an das göttliche Jesukind und versprach hierher zu wallfahren und eine Votivtafel zu opfern, wenn sie beide gesund würden, und wirklich wurden beide erhört und bald darauf gesund.«

Ähnliche Gnaden erlangen in den folgenden Jahren ein Bräuer aus Radstadt, eine Handelsschmiedin aus Dienten und ein Bauernsohn aus Untergföll am Mitterberg. Eine Schneiderin aus Werfen, Magdalena Felser mit Namen, ist vom Wahnsinn befallen. Nach einem Gebet zum Christkind von Filzmoos wird sie augenblicklich gesund und opfert dem Kind die Ketten, mit denen sie als Kranke gefesselt war. Ein Schiffsknecht von Hallein trägt seine Sorgen hierher und wird erhört. Bis aus Maria Pfarr im Lungau kommen sie, aus Schladming und vom Stachlhäusl in Flachau.

»Im Jahre 1715 wütete die leidige Pest in Petersdorf, zwei Meilen von Murau, so sehr, daß alle Häuser angesteckt wurden, aus jedem Haus einige, im ganzen 66 Personen, daran starben. Eine daselbst verheiratete Schuhmacherstochter vom Haus verlobte sich in dieser äußersten Gefahr hierher und wurde samt ihren Hausgenossen vor aller Krankheit bewahrt. Im darauffolgenden Jahre griff die Pest auch in Forstau um sich; die zwei daselbst bestellten Totengräber, Stephan Buchegger und Sebastian Tröger, verlobten sich hierher und sind glücklich mit dem Leben davongekommen ... Ebenso verlobte sich hierher Anna Eder, Dienstmagd am Gumpenberg zu Haus, die den Pestkranken aufwarten und die daran Verstorbenen bestatten mußte. Und obwohl alle aus ihrem Hause an der Pest starben, blieb sie doch von der Krankheit verschont.«

Bauern, Jäger und Knechte verloben sich nach Filz-

Andachtsbild; Kupferstich, 18. Jahrhundert

gebracht worden; eine einzige von ihnen hat, wie schon erwähnt, neben drei anderen Tafeln, oben auf dem Dachboden der Kirche die Jahre überdauert. Aber von all den anderen Zeugnissen menschlichen Glaubens gibt es keine Spuren mehr.

Als der Erste Weltkrieg nach vier trostlosen Kriegsjahren 1918 endlich sein bitteres Ende findet, glaubt so mancher Soldat, daß er seine glückliche Heimkehr dem Gnadenkind von Filzmoos verdankt. Johann Jäger, Bauer zu Hinterlehen in der Zauch, ehemaliger k. u. k. Soldat ist einer von ihnen. Zum Dank schnitzt er selbst ein Bild des Christkinds und bringt es hinauf in die Berge, zum Kantenbrunn, zweitausend Meter hoch, an die Südhänge der Bischofsmütze. Am 28. Juni 1936 zieht der Ortspfarrer von Filzmoos, begleitet von sechzig Personen, hinauf in der Berge, um dieses Kindl zu weihen.

moos, eine Domschreiberstochter von Salzburg und ein fürstbischöflich lavantischer Forstmeister, der Bürgermeister von Berchtesgaden und eine Verlegerin ebenfalls aus Berchtesgaden, ein Philipp Schiell von Ried in Bayern, ein Wirt und Fleischhauer von Teisendorf, ein Klampferermeister von Golling . . . das sind nur ein paar wenige aus der langen Liste der dankbaren Gläubigen.

Die Verehrer des Gnadenkindes von Filzmoos stammen aus allen Ständen und kommen aus der nahen und weiteren Umgebung. Votivtafeln bringen sie mit, Augen aus Silber, Beine und Arme aus Wachs. Und es sind die gleichen Nöte wie überall, die die Menschen auch zum Christkind von Filzmoos führen und der gleiche Dank: für die Errettung aus Lebens-, Wasser- und Feuersgefahr, für die wieder erlangte Gesundheit.

Zwischen 1874 und 1886 sind 18 Votivtafeln hierher

Andenken an Filzmoos; Kupferstich, um 1800

Das Reutberger Kindl zur Weihnachtszeit in der Krippe

Das gekrönte Reutberger Kindl

Am Kreuzauffindungstage ist früher von Altenmarkt ein Bittgang hierher gekommen, am Donnerstag vor dem Dreifaltigkeitsfest einer von Radstadt, in der Fronleichnamsoktav von Forstau, am Jakobitag von Gröbming in der Steiermark. All diese Bittgänge sind eingeschlafen, die neugebaute Autostraße, die solche Prozessionen zu gefährlich macht, mag das ihrige dazu beigetragen haben. Lediglich am Abend des Rosenkranzsonntags kommen noch Wallfahrer den vier Stunden langen Weg von Annaberg.
Einzelwallfahrer kommen noch mehr, aus der näheren und weiteren Umgebung: aus Annaberg und Abtenau, aus Hüttau, Altenmarkt und Radstadt, aus dem oberen Ennstal, aus Schladming, Gröbming und Haus. Im Frühjahr kommen sie, eh die Arbeit beginnt, und im Herbst, nachdem die Ernte eingebracht ist. Und es kommen Brautleute, um sich unter den Augen des Christkindls von Filzmoos trauen zu lassen. Jedes zweite Paar wenigstens, das hier heiratet, stammt aus der näheren und weiteren Umgebung. Unterdessen mögen es noch mehr geworden sein.
Bleibt zum guten Schluß noch zu sagen, daß an der Stelle, an der der Legende nach das Kindl gefunden worden ist, ursprünglich eine hölzerne Säule gestanden ist, und im Jahre 1820 dann der Vikar Grüner die sogenannte »Ursprungskapelle« hat errichten lassen, einen bildstockähnlichen Bau, eine gemauerte Bühnennische. 1855 wird sie bereits renoviert und mit einem Bild von der Hand des Vikars Matthias Resch von Radstadt geschmückt. Auf Leinwand gemalt, steht das Kindl in der Landschaft; man sieht im Hintergrund groß den Dachstein, davor die Kirche und die wenigen Häuser von Filzmoos, die Hirten mit ihrer Herde. Am 12. Oktober 1855 hat der Fürsterzbischof von Salzburg diese Kapelle geweiht.

Filzmoos ist nie eine der großen Wallfahrten gewesen. Es waren immer die stillen, einsamen Beter, die ihre Anliegen zum Filzmooser Kindl getragen haben. Daß es trotzdem nicht wenige Pilger gewesen sind, verrät die tief ausgetretene Türschwelle unter der Kirchentüre.

Ein Besuch im Kloster Reutberg

Fährt man von Holzkirchen nach Tölz, durch ein Stück Wald, durch eine Senke, die Straße wieder aufwärts, wird mit einem Mal der Blick frei, weit ins Land. Da sieht man rechts – wie eine Krone – das Kloster auf dem Reutberg, dahinter die Berge, der breite Rücken der Benediktenwand, weit schaut man hier in den Isarwinkel und links hinüber zu den Tegernseer Bergen.

Mit dem Klosterbau ist 1617 begonnen worden, und schon ein Jahr später sind die Franziskanerinnen auf dem Reutberg eingezogen. Von hier aus wird 1629 das Loretokloster in Landshut gegründet und 1636 dann das Kapuzinerinnenkloster in Salzburg. Das Gnadenbild, ein Marienbild, das dem von Loreto nachgebildet ist und um das die Kirche und das Kloster gebaut sind, findet schnell großen Zulauf. Noch aber weiß man hier von dem Christkindl aus dem Heiligen Land nichts. Es kommen immer wieder auch sorgenvolle Jahre für das Kloster, so der große Brand von 1731, aber die schwerste Stunde bringt doch die Säkularisation, die auch vor diesem Kloster nicht halt macht. 1802 wird das Kloster vom Staat enteignet, aber im Gegensatz zu anderen Klöstern wird es nicht aufgelöst. Es soll vielmehr ein Zentralkloster werden, deutlicher gesagt: ein »Absterbekloster«.

Die Schwestern des aufgelösten Pütrichklosters (genannt »Bittrichkloster«), auch die des Ridlerklosters aus München, werden hierher gebracht. Weil sich aber niemand findet, der dieses Kloster, als es 1835 zum Verkauf steht, erwerben will, kaufen es die Schwestern vom Staat zurück. 30 000 Gulden müssen sie dafür bezahlen, daß das enteignete Kloster wieder ihr Eigentum wird. Zwei Jahre später errichten die Franziskanerinnen auf Veranlassung von König Ludwig I. eine Mädchenvolksschule.

So ist das Kloster der Franziskanerinnen auf dem Reutberg ein Kloster, das zwar säkularisiert worden ist, das aber nie aufgehört hat zu bestehen.

Ohne Unterbrechung seit 1618, seit dem Jahr, in dem der Dreißigjährige Krieg ausgebrochen ist, leben hier die Schwestern des heiligen Franziskus.

In diesem Kloster nun ist die Verehrung des Christkindes ganz besonders gepflegt worden. Nicht umsonst haben sich hier hinter den Mauern der Klausur Figuren des Kindes Jesu, das heißt auf gut bayerisch von Christkindln, in einer Fülle erhalten und in einer Vielfalt, die man sich nicht vorstellen kann. Wir können hier nicht von all den »himmlischen Bräutigamen« erzählen, die einstmals von den Mädchen mitgebracht worden sind, die gelobt haben, in aller Demut ein Gott geweihtes Leben im Kloster Reutberg oder im Pütrich- und Riedlerkloster in München zu verbringen.

Diese »Trösterlein« oder »himmlischen« Bräutigame sind heute noch mit dabei, wenn eine Schwester eingekleidet wird, wenn sie ihre Ordensgelübde ablegt.

Aus der Überfülle von Christkindln sei hier wenigstens das sogenannte »Bittrichkindl« genannt. Es

Das Bittrichkindl im Kloster Reutberg

mag so um 1925 gewesen sein, da muß sein Kopfschmuck, eine strenggelockte Perücke, wie die eines englischen Richters, etwas dürftig geworden und von einer Franziskanerin durch eine lockige Haarpracht ersetzt worden sein. Es gibt ein Büchl, 1721 gedruckt bei Johann Lucas Straub in München: »Bittrich / voll / deß himmlischen Manna / und / Süssen Morgen-Thau / Das ist: / Historischer / Discurs / Von / dem Ursprung / Fundation, Auffnamb / glücklichen Fortgang / Tugend-Wandel / und andern denkwürdigen Sachen / deß Löbl. Frauen-Closters / Ordens der / dritten Regul deß Heil. Francisci / Bey / Sanct Christophen im Bittrich / genannt / In der Chur-Fürstlichen Residentz-Stadt München«.

Es ist ein Buch, das »dem Durchleuchtigsten Fürsten und Herrn Maximilian Emanuel«, dem Herzog und Kurfürsten von Bayern, gewidmet ist. Wohl nicht ohne Grund. Denn in dieses Kloster der Franziskanerinnen, eben in das »Frauen-Closter Bittrich« in München, ist auch einmal eine bayerische Herzogin, die Gemahlin Herzog Albrechts IV. des Weisen, nach dem Tod ihres Mannes eingetreten. Das war im März 1508.

»In solchen Schmertz-vollen Umbständen suchte sie ihren Trost allein in GOTT / mit einer vollkommenen Resignation in seinen heiligen Willen; ... / Da indessen ihr verstorben-liebster Herr Gemahl in der Hertzoglichen Begräbnuß / in vnser lieben Frauen Stüfft- vnd Pfarr-Kirchen / mit gewohnlichem Leich-Gepräng vnd Caeremonien / beygesetzt / auch die Exequien mit großer Solennität gehalten worden / hat selben Cunegundis ... mit größter Andacht beygewohnet / am dreysigsten aber / am Montag nach dem Passions-Sonntag (ware der zweyte April) als man nach vollendtem Gotts-Dienst / widerumben zuruckgefahren / vnd an das Closter Bittrich kommen / befalche Cunegundis mit ihrem Leib-Wagen zu halten / auß welchem sie sich / in Begleitung zweyer Cammer-Frauen ... in das / damahls / noch sehr arme / Regl-Hauß begeben / vnd ihrem Obrist Hoft-Meister ... befohlen / mit dem übrigen Hof-Stab nach Hof zu kehren ...«

Als sie im Kloster war und der Obrist-Hofmeister wieder kam, sie abzuholen – denn niemand konnte sich vorstellen, daß die Herzogin ganz ins Kloster gehen mochte –, da eröffnete Herzoginwitwe Kunigunde der ehrwürdigen Mutter Clara Loderin und dem gesamten Convent eine Resolution:

»Weilen der allmächtige Gott ... Uns vielleicht noch eine kurtze Zweit deß Lebens mehr übrig / haben Wir Uns gäntzlich entschlossen / Unser übriges Leben bey– vnd mit euch / in dem Lob vnd Dienst Gottes zuzubringen ...«

Es heißt, sie habe ein sehr »aufferbauliches« Leben geführt. Und unter all den Dingen, die von Kunigunde und ihrem frommen Leben in dieser alten Schrift überliefert worden, finden wir auch etwas über ihre Verehrung des Christkindes verzeichnet.

»Zu der Kindheit Christi hatte sie ein sonderbare Liebe / und verehrte selbe mit allerhand Andachten / wie dann noch zwey JESUS-Kindlein von ihr vorhanden / nebst einem Wiegelein / auff welchem ihr Fürstliches Wappen abgemahlt zu sehen.«

Der Seite, auf der das geschrieben steht, gegenüber befindet sich ein Kupferdruck. Wir blicken in eine Zelle, rechts vorne, oben an der Wand ein Bild der Herzogin Kunigunde noch im Glanz weltlicher Repräsentanz, unter dem Bild ein Tisch, darauf ein Kruzifix und ein paar erbauliche Bücher, davor auf einer Liegestatt im vollen Ordenshabit, den Rosenkranz in der Linken, die Rechte erschreckt erwartend, wie segnend gehoben, eine Ordensfrau. Sie blickt auf zu dem Christkind das vor ihr, an der Wand, auf einer Konsole steht. Es ist jenes sogenannte »Bittrichkindl«, das heute im Kloster Reutberg steht. Das damals wie heute in seiner linken Hand den Reichsapfel, die Weltkugel mit dem Kreuz trägt, nur die Rosen in seiner rechten Hand gibt es nicht mehr. Die Geschichte zu diesem Bild steht im

vorhin erwähnten »historischen Discurs« verzeichnet.
»Schwester Maria Schererin legte Anno 1605 den 23 May den Heil. Ordens-Habit im dem Closter Bittrich an; Sie lebte über alle maßen fromm und gottsförchtig / absonderlich aber muß GOTT ihr standhaffte Gedult in jhrer langwirig- und schmerzhafften Kranckheit gefallen haben / weilen Er sie / Auss der Bildniß eines JESUS-Kindlein / welches sie zum öffteren / mit zarter Andacht verehrt hatte / angeredt und mit folgenden Worten getröstet: Noch ein Jährlein / meine Tochter! alsdann wirst du zu mir kommen: Der Außgang hat dises über ein Jahr bekräfftiget, indeme sie den 22. Novembris Anno 1628 eben umb die Zeit / da das liebe Christ-Kindlein geredt / in die Händ ihres Schöpffers / jhren Geist / glückseelig auffgeben hat. Es ist dises Christ-Kindlein noch vorhanden / und wird von denen Schwestern in höchsten Ehren gehalten.«
Sie haben es in Ehren gehalten bis hin zur Säkularisation. Und als die Schwestern des »Bittrichklosters« im Dezember 1802 alle nach Reutberg befohlen worden sind, haben sie diesen Schatz, das Bittrichkindl, mitgenommen.

Nun aber zu dem Christkindl, das den Namen des Klosters Reutberg weitum bekannt gemacht hat, dem sogenannten Reutberger Kindl. Die frühesten Nachrichten von ihm verdanken wir zwei Berichten, die beide um 1635 verfaßt sein dürften; wobei es in dem einen nur kurz heißt, der Pascha von Jerusalem habe das Kindl beschlagnahmt, aber die Franziskaner hätten es zurückkaufen können. Im zweiten Bericht heißt es, es sei ein holzgeschnitztes »liebreiches« Kindl nach Bethlehem gestiftet worden und von den Franziskanern, die seit 1330 Dienst in der Geburtsgrotte verrichten, in der folgenden Heiligen Nacht zur Krippenfeier verwendet worden. Es sei vom Volk freudig angenommen worden. Dann bestätigt dieser Bericht den ersten: Der Pascha von Jerusalem habe das Kindl für sich beschlagnahmt, und die Franziskaner hätten es losgekauft. So sei es dann an die hundert Jahre am Heiligen Abend in die Geburtsgrotte von Bethlehem gelegt worden.
Tausende von Andachtsbildern mit seinem Abbild sind früher einmal vom Kloster über dem Kirchsee ins Oberland gegangen und weit über Bayerns Grenzen hinaus; und alle waren sie an dem Kindl anberührt. Man hat es in Windeln auf Stroh liegend dargestellt, mit Engelsköpfen in strahlendurchbrochenen Wolken darüber, oder als kleinen König vor einem goldenen Strahlenkranz, eine mächtige Krone auf dem Haupt, den Reichsapfel, dazu Blumen in der linken Hand, das Kreuz mit den fünf Wunden Christi und dem Heiligen Geist, in der rechten, so wie wir es heute noch sehen können. Und darunter steht in einer Kartusche:
»Wahre Abbildung deß Gnadenreichen Jesus Kindlein, welches bey 100 Jahr am Fest der Geburt Christi zu Bethlehem in das Kripplein gelegt: und aus sonderbahrer Schikhung Gottes ao. 1743 dem Frauen-Closter Maria Loretho auf dem Reitberg in Ober Bayern als ein Großer Schaz übergeben worden.«
Und das ist so gekommen: Da war ein Pater Nicephorus Fischer, der Sohn eines Malers aus Landshut. Er war Mitglied der kurbairischen Provinz der Franziskaner des heiligen Antonius von Padua und zwar im Kapitel zu Dingolfing. Anno 1731, der neue Klosterbau auf dem Reutberg ist noch nicht vollendet, kommt er als Kaplan zu den Franziskanerinnen und bleibt acht Jahre bei ihnen auf dem Reutberg. Sein größter Wunsch aber ist es, einmal in seinem Leben die heiligen Orte in Palästina zu besuchen. Er bittet seinen Ordensoberen um die Erlaubnis.
». . . nach dessen Erhaltung er sogleich am Fest der heiligen Sebastian mit dem Herrn Vater der im allhiesigen Kloster befindenden Frauen Maria a Loreto Sailerin, welcher eben von hier nach Haus auf Mit-

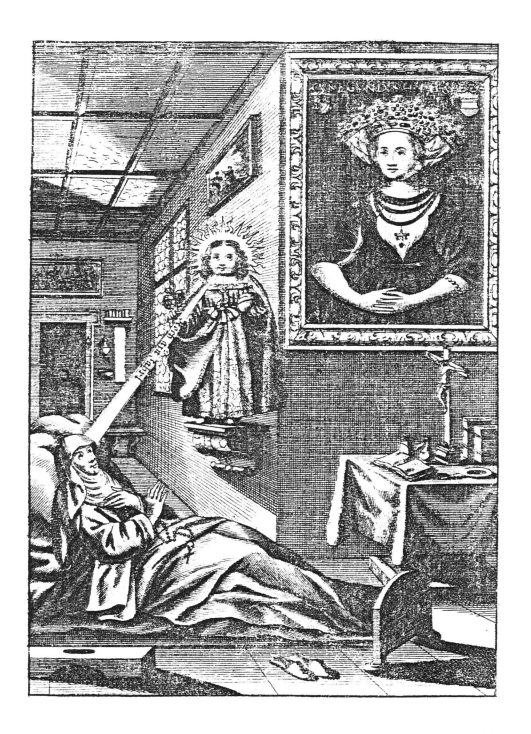

Die Erscheinung des Bittrichkindls 1605; Kupferstich, 1721

Gebetszettel aus der Zeit, als das Bittrichkindl noch im Münchner Kloster war; Kupferstich, 1721

tenwald zurück, 1740 auf dem Schlitten abgereiset. Von da aus setzte er hernach gemäß seines Vorhabens seinen Weg weiter fort und kame noch selbiges Jahr mit beystand der Gnade Gottes nach überstandenen vielen Gefahren, und mühsamer Reise in dem heiligen Land an, alwo er seine ausgesteckte Jahre allsdann nit nur mit größten Seelen-Trost in beständiger Betrachtung des Leben und Leiden unsres Heilands sondern auch mit so großer Auferbauung und Lob zugebracht, daß er verdiente zu Bethlehem als Guardian, und zu Jerusalem als Präsidens aufgestellet zu werden.

Während dieser Zeit hat er in dem heiligen Land nebst vielen Landrosenkränzen, unterschiedlichen Kreuzen mit Perlmutt eingelegt und helfenbeinerne Herr Gott / deren etliche auch alhierher als auf dem Hochaltar und Schmerzhaften Mutteraltar nebst kleineren verehrt / noch andere kostbare Schänkungen bekommen, unter welchen auch nunmehr alhiesiges Bethlehemitische Göttliche Gnaden Kind gewesen. Wie sich dieses ereignet, ist aus dem Brief abzunehmen, so er den 29. May 1762 von dem Convent Dingolfing aus an die Wohlerwürdige Frau Mutter Maria Hortulana Peyrlacherin geschrieben und ... im hiesigem archiv aufbehalten wird ...«

In diesem Brief hat Nicephorus geschrieben:

»... denn Christkindlein, die zu Bethlehem in der Krippe gelegen, gibt es in der Welt wohl tausend und mehr, aber kein einziges Originalbild welches bey 100 Jahr die Person Christi bey öffentlichen Prozessionen an Weihnachtsfeiertagen vertreten, pontificalita vom Patriarchen zu Jerusalem, so jährlich diesen Act in der heiligen Nacht zu halten nach Bethlehem kommet von unzählbarer Menge Volks verschiedener Nationen, öffentlich unter dem Hochamt in Windlein eingefatscht, und in das Kripplein gelegt.«

Es gibt in der Bibliothek der Franziskanerinnen auf dem Reutberg ein Buch »Neu- und Alte Andachten / zu größerer Ehr Gottes« gedruckt in Eger bei Joh. Frantz Fritisch im Jahr 1719, und im »Fünfften Theil« dieses Buches steht: ». . . bethlehemitischer Gottes-Dienst / Welchen die Patres Franciscaner mit denen Christen zu Bethlehem bey der Krippen des HERRN verrichten . . .« Es ist der Gottesdienst, bei dem jenes gnadenreiche Kindl mitgetragen wurde, das heute in Reutberg bewahrt wird. »Kurtze Beschreibung der viertzigtägigen Bethlehemitischen Andacht. Das Erste Capitel von der Vorbereitung der heiligen Weynacht-Feyertägen. Zum Ersten. Ob zwar die hole / oder der Stall / in welchem JESUS der Sohn Gottes gebohren worden / oben und auf beiden Seiten mit schönsten weiß-gestrichenen Marmel-Stein bekleidet / auch der Boden auf das säuberste beschalet und beleget ist / so wird dannach dieser so heilige Orth / vor diesem freudenreichsten Fest auf das herrlichste mit waren und vornemsten Tapecereyen / oben und auf beiden Seiten außspalliert / und mit sieben und zwantzig gantz silbernen brinnenden Ampeln beleuchtet / also / daß dieser sonst finstere Orth dem hellen Tag nichts nachgibt / und der Aufbutz dasselbige so schimmernd und majestätisch machet / daß es mehr einem König- oder Fürstlichen Saal / als einem Stall zu vergleichen wäre. Auf denen zwey Altären brinnen stäts acht große schöne weiße Wachs-Kertzen. Das Altärlein der Geburt Christi wird mit schönster von Silber und Gold gestickter Arbeit umbhänget / welche ad vivum, und auf das kunstlichst die Geheimniß der Geburt Christi repräsentirt und vorstellet. Unter dem Altar-Stein ist ein rundes Löchlein mit einem guldenen Stern umbgeben / und darbey geschrieben: hic natus est Salvator Mundi, an diesem Ort ist der Welt Heyland gebohren . . .«

Vor dem heiligen Christtag wurden hier sieben Predigten gehalten in »Welscher Sprach« und in Spanisch, Latein, Arabisch und bisweilen auch in Griechisch. Aber uns sollen hier nur all die Handlungen interessieren, an denen unser Reutberger Kindl einmal seinen Anteil gehabt hat.

»In der heiligen Nacht umb 12 Uhr gehen die theils mit Pluvialen / theils mit Chor-Röcken angelegte Patres Procession / weiß mit einem großen silber-

Andachtsbild; Kupferstich, 18. Jahrhundert

nen Creutz / und sechs großen, schweren auß Spanien geschickt / und geschenkten / in des Pater Guardians seine Cellen / ihn zwischen 2. Ministris Majoribus abzuholen. Damit er mit Bischöfflichen / Ornat / großen Comittat / und Geleit das Neu-Gebohrne JESUlein in dem Orth seiner Geburt / auf seine Armb empfange / und nach höchst / andächtiger Procession in das Krippelein lege. Nach dem nun der P. Guardian mit bischöfflichen Ornat / und alle Patres / auch andere Religiosen / mit Pluvialen / Dalmaticen / oder Chor-Röcken angelegt / gehet man von der großen St. Catherina Capellen auß, biß in den Stall an den Orth, wo das JESUS Kindlein gebohren: die zwey Ministri heben das JESUlein von der Erden auf / legen selbiges dem P. Guardiano auf seine Armbe / so es haltet / und tragt in einem von Gold und Silber köstlich außgearbeiteten Tuch / unterdessen zwey kleine schier noch unmündige Knaben zeigen mit ihren außgestreckten Aermblein auf den Orth der Geburt / und singen / O Bethlehem! O Bethlehem! Ecce, in hoc loco natus est tibi Salvator, O Bethlehem! O Bethlehem! siehe an diesem kleinen Orth ist der von dir und aller Herberg außgeschlossene Heyland der Welt gebohren / O Bethlehem! O Bethlehem! . . .
Nach diesem gehet die Procession durch die obere große / mit 18. großen herrlich von einem Stuck schön ausgehauenen Marmel-Säulen gezierten Kirchen. Ein silbernes Creutz wird vorgetragen / darauf folgen die Bethlehemitische Catholische 40. biß 50. Christen-Knaben / schier alle Choralisten mit Chor-Röcken / und brinnenden Kertzen in der Hand alsdann kommen die P.P. Franziskaner mit Chor-Röcken / auch andere Religiosen und Geistliche Pilgram / als RR.PP. Jesuiter / Benedictiner / Carmeliter / Dominicaner / Augustiner und Capuciner / Maroniten / nach diesen der P. Guardian mit dem JESUlein auf seinen beiden Armben. Hernach folgen alle / so wohl Einheimische Bethlehemitische / Jerosolomitanische / als andere Orientalische / Europeische Catholische Christen und Pilger mit angeziemten Tartschen / oder großen Wachs-Kertzen / diese alle begleiten / und zieren die Procession / mit Singen / theils mit Betten / theils mit Liebs-Zäher / theils (wie selbsten gesehen) mit aufgereckten Händen gegen den Himmel . . .«

Dann trägt der Pater das Kindl »auf der linken Seiten der heiligen Hölen / oder Krippen . . .« wieder zu seiner lieben Mutter: und alle Patres und Christen, viele Pilgersleute darunter, folgen ihm mit bloßen Füßen. Der Diakon singt das zweite Kapitel aus dem Evangelium des heiligen Lukas. Dann nimmt der Pater Guardian das Christkindl wieder auf seine Arme und legt es mit einer tiefen Verbeugung in die Krippe, beugt das Knie und betet es an. Ihm folgen alle Patres und Fratres, die einheimischen und die ausländischen Pilger, und sie alle verehren das Göttliche Kind in der Krippe, küssen es, opfern ihm und bringen ihm Geschenke. Am Neujahrstag, an dem Tag der Beschneidung Christi, ziehen die Franziskaner und Wallfahrer vor die Krippe in Bethlehem und am Tag der Heiligen Drei Könige auch.

»Hertz allerliebstes Jesu-Kind /
So ich allhier im Krippelein find /
O! Gott! wie sehr ernidrigt dich /
Dein Menscheit / und erhöhet mich!
Ehr sey GOTT in der Höhe.

O Jesulein wie bist so klein /
In Windelein gefetschet ein /
Die Windelein so jetzt binden dich /
Von meiner Sünd entbinden mich /
Ehr sey GOTT in der Höhe.

Dem Vatter in dem höchsten Thron /
Sey Lob / und JESU seinem Sohn /
Dem Heiligen Geist zur gleichen Weiß /
Sey ewigs Lob / Danck / Ehr und Preiß:
Ehr sey GOTT in der Höhe!«

Nun aber zurück zu unserem niederbayerischen Franziskanerpater Nicephorus Fischer. Wie schon gesagt, er ist ins Heilige Land gewallfahrtet und ist gar Guardian in Bethlehem geworden. Auch er hat dieses Kindl in der Heiligen Nacht in die Höhle von Bethlehem getragen und in die Krippe gelegt. Er hat es auch nach Reutberg, mitten in das bayerische Oberland gebracht, auf einem sehr geraden Weg sogar, durchaus nicht still und klammheimlich entführt. Wie das zugegangen ist, ist uns in einem Brief des Paters Nicephorus überliefert. Am 29. März 1762 hat er ihn im Convent Dingolfing an die Wohlwürdige Frau Mutter Maria Peyrlacherin geschrieben: »Warum aber mir dieser Gnaden Schatz zuteil worden, war Ursach die Pest, diese regierte im heiligen Land zu Bethlehem 1741 / dann zu wissen, daß nach der Zeit vom römischen Kaiser, vom König aus Frankreich und vom König aus Spanien kostbare und kunstreiche Kindlein seynd dem heiligen Land verehrt worden, welche dermalen umgewechselter Weise gebraucht werden; das alte hölzerne Original Kind aber ist in einem Kasten gesteckt, von Staub verwüstet und gänzlich ungeehrt geblieben. Dessen Ehre wieder herzustellen, schickte Gott pestilenzische Sucht, die ein geschlagenes Jahr hinaus getauert: das konnte also die Weihnachts-Andacht in Bethlehem nicht gehalten werden, ist auch von Bethlehem keines der besagten Kindlein geschickt worden, weilen zu Pestzeit kein einziger Umgang konnte untereinander gepflogen werden, aus Gefahr der Ansteckung; da ist nun das alte Original Kind von mir aus dem Winkel des Kastens herausgezogen, reparirt und sauber gebuzet worden; Auch selbes Jahr die Weihnachts-Andacht nicht zu Bethlehem, sondern zu Jerusalem gehalten worden und das Kind Jesu anstatt des Krippels in das heilige Grab geleget worden.«

Die Pest war vergangen, das hölzerne Gnadenbild ist wegen der drei kostbaren gemalten nicht mehr verwendet worden und fristet nun sein Dasein, wie

Das Reutberger Kindl im Festkleid; Kupferstich, 18. Jh.

vorher, in einem Kasten. Da bittet der Pater Nicephorus seinen Oberen um dieses Kindl, und er erhält es auch. Er will ihm einen würdigen Platz in seiner bayerischen Heimat geben, in dem Kloster, von dem er einmal als Kaplan ausgezogen ist ins

Heilige Land. Er läßt das Kindl gleich sorgfältig verpacken und in einem Schiff nach Venedig bringen. Und als man das Jahr 1743 schreibt, ist es wohlbehalten im Kloster Reutberg angekommen und nach »Vidimierung«, nach In-Augenschein-Nahme durch das Ordinariat zu Freising, zur Verehrung öffentlich ausgesetzt worden.

Vor gar nicht langer Zeit ist eine Notiz gefunden worden, die erzählt, der Pater Nicephorus habe das Kindl einem Franziskaner anvertraut, der über Venedig und Wien nach Bayern zurückkehren sollte. Den staunenden Mitbrüdern in Wien, bei denen er Unterkunft findet, zeigt er seinen kostbaren Schatz. Da bitten die Oberen, er solle ihnen dieses Kindl doch geben, auf daß sie es der Kaiserin Maria Theresia, ihrer großen Gönnerin schenken könnten. Viele Andenken an das Heilige Land wollten sie ihm dafür geben, aber der Franziskaner habe sich nicht weiter auf einen Handel eingelassen und sich seines Auftrags eingedenk, schnellstens mit seinem Kindl auf den Weg nach Reutberg gemacht. Drei Authentikas für dieses Kind sind uns überliefert: Eine von Renatus Satelles vom Orden der Minoriten, eine andere von Frater Paulus de Laurino vom heiligen Berg Sion, Guardian und Custos des ganzen Heiligen Landes, und eine dritte vom Präsidenten des Heiligen Grabes, unserem bayerischen Franziskanerpater Nicephorus Fischer. Seine Authentik lautet: »Ich, der am Ende Unterschriebene, bezeuge und schaffe bei allen, die diesen Brief lesen werden, verbürgten Glauben, daß diese holzgeschnitzte Figur mit Glasaugen in der Größe eines lebenden Kleinkindes unseren Erlöser Jesus in der Kindheit, der zu Bethlehem aus der seligsten und unbefleckten Gottesgebärerin, der Jungfrau Maria für das Heil des Menschengeschlechtes der Welt geboren wurde, in Windeln gewickelt und in eine Krippe gelegt wurde, darstellt.

Im Jahre des Herrn 1740 ist es am Feste der Geburt unseres Herrn (in dieser Zeit wurde wegen des Bürgerkriegs, der in Bethlehem sehr zum Schaden entstanden ist, die feierliche Handlung und Abhaltung der freudigsten Geburt unseres Herrn Jesus Christus im Pontifikalritus in Jerusalem in der Kirche der glorreichen Auferstehung gefeiert) im Heiligen Grab unseres Herrn Jesus Christus und auch auf dem heiligsten Kalvarienberg während des Meßopfers zur öffentlichen Verehrung ausgesetzt gewesen. Darauf im Jahre des Herrn 1741 (in diesem Jahre wurde wegen der herrschenden Pest die genannte Feierlichkeit in Bethlehem verhindert) wurde es noch einmal in der Kirche und an dem Ort, wo nach seiner glorreichen Auferstehung Christus unser Erlöser seine schmerzhafteste Mutter durch sein glorreichstes Erscheinen getröstet hat, durch die ganze Weihnachtszeit hindurch, einschließlich der Epiphanie unseres Herrn, also auch am Feste des heiligsten Namens Jesu, auf dem Hochaltar mit größter Feierlichkeit und verschwenderischer Beleuchtung geziert und geehrt, sowie durch Berührung an den in dieser Kirche befindlichen Heiligtümern geweiht.

Zu dessen Beglaubigung habe ich auch das Heilige Bildnis gesichert mit dem Siegel des Konvents vom Heiligen Grab unseres Herrn Jesus Christus auf einer roten Seidenschnur, die um den Hals gelegt ist. Und diese Authentik, die mit dem gleichen Siegel versehen ist, habe ich eigenhändig unterzeichnet herausgegeben.

Jerusalem im Konvent des Heiligsten Grabes unseres Herrn Jesus Christus. Im Jahre nach der Menschwerdung 1742, am 20. des Monats Januar.

    P. Nicephorus Vischer ordinis min:
    S.P. Franc: reformatorum
    Provinciae Bavaricae SS. Spulchri
    D.N.J.C. Praesidens.«

In der Authentik des »Bruder Paulus de Laurino des heiligen Berges Sion Quardianus, und des ganzen Hl. Landes Custos« heißt es zudem: »Ueber dieß wurde gedachtes Bildniß auch an eben demselben feyerlichen Gedächtnißtage der freudenreichsten Geburt Jesu Christi in allen und jeden obengenannten heiligen Örtern unter dem dort abgehaltenen Gottesdienste der öffentlichen Verehrung ausgesetzet; auch im Heiligen Grabe unseres Herrn Jesus Christus auf dem Heiligen Berg Calvarii und in der Kapelle, welche zur Gedächtnus, daß Jesus nach seiner glorreichen Auferstehung seiner schmertzhaftesten Mutter Maria erschien, errichtet ist, wurde selbes gleichfalls öffentlich ausgesetzt und durch Berührung dieser sowohl als aller in der Kirche der glorreichen Auferstehung enthaltenen Heiligtümern verherrlichet und geheiliget ... Um nun allem diesem ein authentisches Zeugnis zu verschaffen haben wir vorliegendes Diplom eigenhändig unterzeichnet, mit unseren größeren Amtssiegel versichert ... und auch noch mit einem blauseidenen Faden an den Hals dieses Bildnisses Jesu unser kleineres in rothspanisches Wachs abgedrücktes Siegel befestiget ...«

1745 kommt Pater Nicephorus zurück aus dem Heiligen Land und wird in dem Kapitel, das man zu Schleißheim abhält, neuerdings als Kaplan zu den Franziskanerinnen auf den Reutberg berufen. Und er ist nun bemüht, besonders die Andacht zu diesem bethlehemitischen Gnadenkind zu fördern: Alle Jahre in der Weihnachtsnacht, vor dem Hochamt, trägt er »in Paramentis« das Gnadenkindl von der Sakristei in die Kirche, stellt es auf den Altar und hält es wie in Bethlehem; er fatscht es bei den Worten des Evangeliums vor den Augen der Gläubigen »in dalmaticus« in Windeln und legt es in eine Krippe, »... so nur in drei Figuren bestunte, zurück stunte ein großer gekleiter Engel, der ein Zetl in Handen hatte mit den Worten: Gloria in Excelsis Deo et in terra pax hominibus, auf der rechten Seiten kniete unser liebe Frau, auch groß und gekleidet, welche beyde anizt in dem Advent auf dem Antonialtar den Englischen Gruß vorzustellen

Das Reutbergkindl zur Weihnachtszeit; Kupferstich, 18. Jh.

gebrauchet worden; auf der linken Seite aber also der heilige Joseph ...«

Danach ist das Hochamt wieder fortgesetzt worden. Diese Zeremonie aber hat einen großen Eindruck auf die Gläubigen gemacht, und das Kind, nunmehr

Andachtsbild; Kupferstich, 18. Jh.

das »Reutberger Kindl«, hat einen unbeschreiblichen Zulauf erhalten. Gerade in der Christnacht sind die Bauern und Bäuerinnen der umliegenden Nachbarschaft, aber auch der weiteren Umgebung zum Kloster über dem Kirchsee gewallfahrtet, um dem nächtlichen Hochamt beizuwohnen. Bald aber haben die Gläubigen ihre Not auch das Jahr über zu dem Kindl getragen. Man erzählt, daß die ersten Wunder geschehen und von der Kanzel verkündet worden seien, wie alle wunderbaren Hilfen des Christkindls danach auch. Ein Mirakelbuch hat man angelegt, aber es ist verloren gegangen. Lediglich ein einziges Ereignis ist uns noch überliefert, geschehen im Jahre 1777.

»Da ein gewisser Haus-Vatter in dieser Nachbarschaft, theils wegen seinem schlechten Wandl, theils wegen anderer im bewußten Gewissens Umbständen, gerate er in eine große Verwührung, daß er schon an Gott zu zweifeln anfangen. Kunde auch mit keinen Vorstellungen und zusprechen auf bessere Weeg gebracht werden. Kame endlich so weith, daß er sich selbst entschlossen, zu erschießen und umb das Leben zu bringen. Ergriffe also eines Tags da Niemand zu Haus war, als ein einziger Ehehalt, in dessen Gegenwarth ein geladenes Gewehr, sezte solches an die Brust und wollte es schon würklich los Trucken. In diesem gefährlichen umbstand wußte dieser ehehalt weder sich, weder seinen Herrn aus der verzweiflung zu helfen. Rufte also in größter Eihl mit vollen Vertrauen zu dem Bethlehemitischen Gnaden Kind Jesus auf dem Reitberg und verlobte dahin eine dreymahlige Walfahrt und hl. Meß wann es helffe, daß dieser Armselige nit an Leyb und Seel zu grund gehe . . .«

Und kaum hat sie diese Bitte ausgesprochen, erkennt der »gewisse Hausvatter« das Verdammte seines Vorhabens, er legt das Gewehr auf die Seite und dankt dem Kindl, daß es ihn vor dem Tod und der Ewigen Verdammnis bewahrt hat.

Einige Jahre war die Andacht vor dem Christkindl Brauch, aber dann ist ein neuer Beichtvater gekommen, und weil wohl auch damals neue Besen gut gekehrt haben, hat er diese Andacht zum Christkindl abgeschafft. Aber die Bauern und Bäuerinnen räsonieren, die Wohltaten, die Gläubige von diesem Gnadenkindl empfangen haben, tun sie dem Pater kund, und er verkündet sie dann doch von der Kanzel wie eh und je. So ist im Volk die Andacht und das Vertrauen geblieben, und 1776 dann sorgt ein Pater Lucianus Dedell, der damals Kaplan in Reutberg war, dafür, daß die Andacht zum Kind nicht abnimmt, daß es sogar das Jahr hindurch an bestimmten Tagen öffentlich zur Verehrung ausgesetzt wird, um »die hochschezung zu diesem bey den Volk zu erhalten, alzeit durch einen Priester, niemals aber durch dem Kirchendiener, wie schon öfters angemasset, dahero ein Superior so wohl auf dieses obacht zu haben, als auch, daß dieses ein Klo-

Andachtsbild; Kupferstich, 18. Jh.

sterfrau in ihr Versorgung von der Wohlerwürdigen Frauen Mutter bekommt, die ein wahre zärtliche Andacht zu solchen Traget / dann einige aus ihnen wissen dieses große Kleinod nicht zu schätzen und achten es, wie ein anderes Christlein: / und schicklich mit umgehet, und kein Rusch ist, wie eine war, weil gehörloß, ihm die Finger und Zeher abgebrochen...«

Nun, die Schwestern haben ihren bethlehemitischen Schatz in Reutberg behütet, in einem gläsernen Kasten wird er auf dem Chor der Schwestern in der Kirche wohl bewahrt, über alle Stürme der Säkularisation und der Kriege und Anfeindungen hinweg.

Noch heute wird das Reutberger Kindl stehend, im Rücken von einem Strahlenkranz gestützt, an den hohen Festtagen in der Klosterkirche ausgesetzt. Nur die Würdige Mutter darf es kleiden, in den Gewändern und Farben, die das Fest gebietet. Am Vorabend des Festes nun versammelt sich der gesamte Convent im Schwesternchor, das Kindl einzuholen. Die Würdige Mutter trägt es, und unter dem Spiel der Orgel geleiten es alle Schwestern in einer Prozession hinunter zu ihrem Kommuniongitter. Dann öffnen sie das Fenster zum Presbyterium, und der Priester nimmt es in Empfang, um mit ihm, dem bethlehemitischen Schatz, Schwestern und Gläubige zu segnen. Dann stellt er das Reutberger Kindl am rechten Seitenaltar zur Verehrung nieder. Und nach dem Fest, oder nach dessen Oktav, kehrt das Christkind, oder wie die Schwestern sagen »unser kleiner König« wieder zurück, oben in den Chor.

Alle Jahre am Heiligen Abend, in der Heiligen Nacht muß das Kindl seine reichen Kleider ablegen, die Würdige Mutter wickelt es in eine Windel und kleidet es mit einem einfachen weißen Hemdchen, denn an diesem Tag wird es keine Krone tragen und keinen Ornat wie ein König.

Noch vor dem Amt wird es die Würdige Mutter hinuntertragen, und die Klosterfrauen werden sie dabei begleiten, bis hin zum Kommuniongitter der Schwestern neben dem Hochaltar. Hier wird das Kindl, in einer Krippe liegend, vom Spiritual entgegengenommen, um mit ihm die Gläubigen zu segnen.

Dann wird es wie alle Jahre auf der Mensa des rechten Seitenaltars in der Krippe liegen, auf daß alle, die zu ihm auf den Reutberg kommen, es verehren können; so wie vor fast 2000 Jahren die Hirten oder die Könige aus Arabien das Göttliche Kind in dem Stall von Bethlehem.

Das Augustinerkindl zu München

Berühmt war und immer noch bekannt ist das sogenannte Augustinerkindl in München; jenes kleine Wickelkind, das sein Köpfl, leicht zur Seite geneigt, seinen Verehrern zuwendet und seine großen dunkelbraunen Augen auf die Gläubigen richtet.
Augustinerkindl heißt dieses liegende, gefatschte Christkindl, weil es einst einmal in der Klosterkirche der Augustinerbarfüßer in München, in der Neuhauser Straße, verehrt worden ist. Den langgestreckten gotischen Kirchenbau kann man noch heute sehen. In ihm ist das Deutsche Jagd- und Fischereimuseum untergebracht, an der Stelle der alten Klosterbauten steht das zwischen 1911 und 1913 erbaute Polizeipräsidium.
Die Überlieferung will, daß das Fatschenkindl einst, es mag vor etwa 400 Jahren gewesen sein, den Patres bei den Augustinern von frommen Münchner Bürgern geschenkt worden ist. Wann das genau gewesen ist, weiß man nicht, verehrt aber sei das Kindl seit dem Jahr 1624 worden, also schon in den ersten Jahren des Dreißigjährigen Krieges. Wie so oft, so hat wohl auch hier eine Geschichte den Zulauf gläubiger Menschen ausgelöst.
Da war ein neugieriger Frater, der sich zu diesem Kindl hingezogen gefühlt hat. Es war in einem Schrein in der Sakristei verschlossen und ist nur am Heiligen Abend in die Kirche getragen und in der Weihnachtszeit ausgestellt worden. Nun, der neugierige Frater will dieses Kindl wenigstens einmal in seinen Händen halten, einmal von allen Seiten sehen, wenigstens einmal. Bis jetzt hat er sich nicht getraut, aber nun faßt er Mut. Er huscht nachts, als alle Mitbrüder schlafen, scheu, ängstlich, gehetzt die Klostergänge entlang in die Sakristei. Aufgeregt schließt er den kleinen Schrein im Sakristeischrank auf, zitternd nimmt er das Kindl heraus – und da geschieht es: Es fällt ihm aus der Hand, er kann es nicht mehr auffangen, es schlägt auf den Boden, und das Köpfchen zerspringt in tausend Stücke. Kreidebleich und völlig verstört steht der Frater da. Kaum aber beginnt er, sich von seinem Schrecken zu erholen, sammelt er hastig und ängstlich die wächsernen Scherben, legt sie in den Schrein, sperrt das Türchen zu, legt den Schlüssel daneben, wo er immer liegt und flieht zurück in seine Zelle. Seinem Ordensoberen gesteht der Frater in seiner Angst nichts von diesem Unglück. Er nimmt sich auch vor, ihm nie etwas davon zu sagen, aber dieser Vorsatz kommt doch bald ins Wanken. Weihnachten rückt näher und näher, der Frater wird immer verstörter, er fleht Gott um Beistand und Hilfe an. Als der Heilige Abend vor der Tür steht, der Tag, an dem das Kindl auf dem Altar ausgesetzt werden soll, da hält es ihn nicht länger. Zitternd geht der Unglückliche zu seinem Propst, wirft sich vor ihm auf die Knie, um ihm zu beichten was geschehen war. Da geht der Propst mit ihm zu dem Schrein in der Sakristei und als er ihn aufschließt, siehe da: Das Kindl liegt heil vor ihnen. Nur ganz kleine, verheilte Sprünge hat es von dem Sturz behalten, feine Narben an der Schläfe.
Die Geschichte hat sich in Windeseile in der herzog-

lichen Residenzstadt herumgesprochen. Die Liebe der Leute bis weit hinaus vor die Tore der Stadt wendet sich schnell diesem Christkindl zu, man wirft sich vor ihm auf die Knie, betet es an, und bald gibt es kein größeres Lob für ein neugeborenes Münchner Kindl, als der Mutter zu sagen, es sei so schön wie das Kindl bei den Patres Augustinern.

Gold, Silber und Edelstein tragen die Gläubigen zum gnadenreichen Kinde Jesu in die Neuhauser Gasse, so wie einst die drei Könige aus dem Morgenland ihre Reichtümer vor die Krippe in den Stall zu Bethlehem. In einer Schrift, die um 1900 erschienen und deren Verfasser unbekannt ist, wird von zwei Verzeichnissen erzählt, eines aus den Jahren 1816

Das Augustinerkindl; lavierte Federzeichnung von Ignaz Günther, 1755

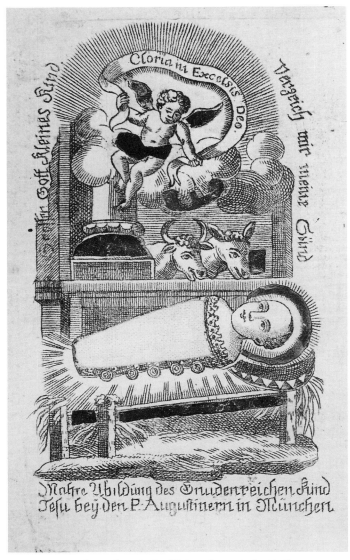

Kupferstich, mit Stoff hinterlegt, Ende 18. Jh.

und 1817, ein zweites, älteres ohne Jahresangabe, in dem nicht weniger als 391 Votivgegenstände verzeichnet sind, Ringe, Kreuze, Herzen aus Gold und Silber, kleine Figuren von Maria und Joseph, ein sogenanntes Petermännchen, ein Ritter Sankt Georg, Münzen aus aller Herren Länder, darunter eine Denkmünze, die an die Einnahme der Stadt Buda, des heutigen Budapest erinnert, an die Türkenkriege der Max-Emanuels-Zeit. Vielleicht erinnern die beiden kleinen silbernen Soldaten, die genannt sind, ebenfalls an jene Jahre. Man erzählt sogar, königlich-bayerische Soldaten hätten noch im 19. Jahrhundert ihre Auszeichnungen dem Kindl zum Opfer dargebracht.

In Windeln aus reiner Seide und in Goldspitzen hat man das Kindl gewickelt, ehe es statt der Wickelbänder die schweren, reichen, silbergetriebenen Reifen bekommen hat. Zur Weihnachtszeit aber haben sich die treuen Münchner bei vierzigstündigem Gebet vor ihm versammelt. Diesem Gebet hat sich immer eine Andacht von vierzig Tagen angeschlossen, für die »Erhaltung des edlen Stammhauses Wittelsbach in Bayern«.

Diese Andacht findet Jahr für Jahr statt, aber eines Tages weht der Sturm der Säkularisation übers Land, der die Klosterpforten zuschlägt. Auch bei den Augustinern in der Neuhauser Straße, allen Andachten für die »Erhaltung des edlen Stammhauses Wittelsbach in Bayern« zum Trotz. Die Augustiner müssen 1802 das Kloster verlassen, aus der Kirche wird die Mauthalle, in das Kloster ziehen die Justizbehörden ein. Die Kunstwerke des Klosters und seiner Kirche werden, wie in jenen Tagen üblich, versteigert, verkauft, verschleudert. Sie gehen größtenteils unwiederbringlich verloren. Monstranzen und Kelche werden eingeschmolzen, Bilder landen auf dem Abfall. Der Kunst- und Trödelmarkt wird übersättigt; so übervoll, daß der Antiquitätenhandel heute noch weitgehend von dieser Zeit zehrt. Dem Augustinerkindl bleibt der Weg in den Kunsthandel gottlob erspart. Gläubige tragen es in jenen hektischen Tagen zu den »Schwestern der Heiligen Elisabeth«. Es müssen die Schwestern draußen vor der Stadt, an der heutigen Mathildenstraße gewesen sein, denn das Herzogspital ist schon 1800 aufgehoben und mit dem Josephspital zusammengelegt worden.

In einer kleinen Schrift, die wohl um die letzte Jahrhundertwende erschienen ist, heißt es: »Da mußte nun das ›Gnadenkindl‹ auswandern und fand vorerst freundliche Aufnahme beim hohen Domkapitel. Als aber die Barmherzigen Schwestern draußen in der St. Elisabethkirche vor dem Sendlinger Thor recht schön baten, man möge es ihnen überlassen, wurde diesem Wunsch von Herrn Kanonikus von Degen, der es in Verwahr hatte, willfahrt. – Da bekam das Christkind wieder einen Ehrenplatz am Altar, wurde neu und prächtig gekleidet, und von vielen Andächtigen ebenfalls bei einem vierzigstündigen Gebet an Weihnachten viel besucht. Allein auch das sollte keinen Bestand haben, wie Alles hienieden, denn plötzlich ward auch das Klösterlein der Elisabethinerinnen ... geschlossen.«

Die Aufregungen der Säkularisation, der Klosteraufhebungen sind begleitet von Jahren politischer Hochspannungen, von Kriegen. Die napoleonischen Armeen überfluten Europa. Napoleon krönt sich am 2. Dezember 1804 in der Kathedrale von Notre Dame in Paris zum Kaiser der Franzosen, ein gutes Jahr später wird Bayern zum Königreich ausgerufen, und der Kriege ist kein Ende, bis hin zu den furchtbaren Opfern, die auch Bayern 1812 in Rußland erleiden muß und die so viel Leid in die Familien bringen, bis hin zum endgültigen Sturz Napoleons 1815.

Langsam kehrt wieder die alte Ruhe und Ordnung in der nun königlichen Haupt- und Residenzstadt ein, und die Münchner wollen wieder ihre alte Christkindlandacht. »Da ging es nun an ein Hin- und Herschreiben zwischen dem Herrn Präses der Marianischen Congregation, Franz Xaver Schilling, und der hohen Regierung, das seines Gleichen sucht, und würde nicht leicht dabei etwas erreicht

Andachtsbild; Kupferstich, 18. Jh.

worden sein, wenn nicht Kronprinz Ludwig, unser nachmaliger großer König Ludwig I., sich in's Mittel gelegt und seinen Herrn Vater gebeten hätte, den

111

Kupferstich, mit Stoff und Folie hinterlegt, 18. Jh.

Münchnern doch endlich ihren Willen zu thun, sintemal gerade bei dieser Christkindlandacht, um welches es sich hier handle, ganz besonders für Erhaltung des Stammhauses Bayern gebetet werde, was doch ein Zeugnis für deren gar treue Gesinnungen sei.«

Die genannte »Marianische Congregation« war 1610 von Rom bestätigt worden und hat später in der Bürgersaalkirche ihre Heimat gefunden. Kronprinz Ludwig hat damals zur Bürgersaalkirche eine enge Bindung gehabt, und als er von einer gefährlichen Lungenentzündung genesen war, werden hier drei Dankgottesdienste gehalten. An Weihnachten 1815 kommt der alte Lehrer und Freund des Kronprinzen, Michael Sailer, damals Professor an der Universität Landshut, später Bischof von Regensburg, auf Wunsch des Kronprinzen eigens nach München, um in der Bürgersaalkirche bei der Wiedereröffnung des vierzigstündigen Gebetes die Festpredigt zu halten. Und das Volk strömt herzu wie in alten Zeiten. Diese Andacht soll aber erst wieder eine wahre Christkindlandacht werden, als nach wiederholten Bitten der Congregation und abermaliger Befürwortung durch den Kronprinzen Ludwig das Augustinergnadenkindl endlich im Bürgersaal einziehen kann. Ein Opfer allerdings muß die Congregation vorher bringen. Es ist ihr auferlegt, zuerst eintausend Gulden in die Armenkasse zu zahlen. Ein stolzer Betrag, schon gleich nach diesen Kriegszeiten, die das Land so ausgelaugt haben. Aber am 18. April 1817 ist dann der große Tag.

Es sei noch einmal aus der kleinen, schon genannten Schrift zitiert, die den Autor verschweigt:
». . . einem langen, von Präses Schilling erstatteten Bericht, welcher mit zierlich rothen Schriftzügen beginnt, entnehmen wir, daß der Einzug des ›Christkindls‹ am 18. April des Jahres 1817, Nachmittag um halb fünf Uhr in den Bürgersaal stattfand. Meister Keliber hatte mit liebevoller Sorgfalt ein Körbchen ausgestattet, da legte man das ›Kindl‹ hinein, und in aller Stille wurde es dann von den vier Abgesandten der Marianischen Congregation, nämlich den Herren Joseph Kriener, Joseph Reinwallner, Matthäus Speiser und dem damaligen Präses, sammt all' seinen Kleinodien in den Bürgersaal verbracht, allwo es bis zur Vollendung eines seiner würdigen Schreines in der Sakristei verschlossen

Andachtsbild; Kupferstich, 18. Jh.

Andachtsbild; Kupferstich, 18. Jh.

wurde. Vorher aber knieten die Männer alle nieder und beteten bei brennenden Kerzen 5 Vater unser und Ave nebst dem Glauben. Zum Dank dafür, daß sie ihr liebes Gnadenkindl zurückerobert hatten. Nicht lange nachher ward der schöne Schrein aus Holz geschnitzt und reich vergoldet, vollendet, der fortan zu Füßen des Kreuzes und der schmerzhaften Mutter das Christkind sammt all' seinen Kleinodien liegt. Auch würdige Statuen der hl. Jungfrau und des hl. Joseph wurden beigeschafft, die bei der Christkindlandacht neben dem Kind Jesu knieten, wie das noch immer der Brauch ist.« Um 1900 wohlgemerkt.

Das Augustinerkindl hat böse Zeiten erleben müssen, bis hin zu den bitteren Jahren des Zweiten Weltkriegs, in denen München in Schutt und Asche zerfallen ist, auch die Bürgersaalkirche. Das Kindl selbst ist verschont geblieben und hat nach dem Wiederaufbau in »sein Haus« einziehen können. Seitdem ist es wieder in der Weihnachtszeit zur Verehrung ausgesetzt, und heute noch mag es gläubige Menschen geben, die ihre Sorgen zu ihm tragen.

Die beiden Christkindl von Altenhohenau

Das Dominikanerinnenkloster zu Altenhohenau liegt am Inn, südlich von Wasserburg, dem Kloster Attl gegenüber. Wenn man heute vom Christkindl von Altenhohenau spricht, meint man im allgemeinen das sogenannte Columbakindl, das Christkind mit der Weintraube in der linken und der Weinbeere in der rechten Hand.

Aber zuerst sei doch das ursprüngliche, kleine vergessene Gnadenbild genannt.

Der Ursprung der Jesuskindverehrung im Kloster Altenhohenau ist nicht mehr festzustellen. Jedenfalls sind bereits im Jahr 1515 Almosen nachweisbar, die von Wallfahrern in einen kleinen Beutel gesteckt werden, der beim Kind aufgehängt ist. Wir wissen, daß man sich damals im Kloster mit der Verzierung von Nachbildungen des kleinen Christkindls beschäftigt, daß man sie anderen Schwestern zeigt, wie zum Beispiel einer Schwester, die im Dreißigjährigen Krieg auf der Flucht von Gnadental her zur Priorin kommt und die, wie in der Klosterchronik verzeichnet ist, »die schene Arbeit in Gold und Seiden als Agnus Dei, Jesuskindlein, ... bei uns gelernt hat«.

Den Höhepunkt erlebt die Wallfahrt aber erst im 18. Jahrhundert. Das Gnadenbild ist nur neun Zentimeter klein, es ist aus Holz, hat bewegliche Arme, trägt eine hohe Krone, ist kostbar gekleidet, hält in der linken Hand das Zepter und in der rechten ein langes Kreuz. Seine Verehrung wird von der Mystikerin Columba Weigl besonders gefördert. Diese Tochter eines »Branntweiners« aus München ist 1730 ins Kloster Altenhohenau eingetreten und hat hier am 31. August 1783 ihr Leben beschlossen.

In ihrem klösterlichen Alltag spielen Erscheinungen des Kindes und Gespräche mit ihm eine bedeutende Rolle. Das spricht sich herum und das Kind genießt schon bald einen weit über die Klostermauern hinaus reichenden besonderen Ruf. Unter der Voraussetzung, daß der Kupferstecher die Zusammenstellung nicht um seiner Kundschaft willen ausgewählt hat, um sie entsprechend aufzuwerten, hat Altenhohenau in der zweiten Hälfte des 18. Jahrhunderts zu den zwölf bekanntesten Gnadenstätten im alten Herzogtum Bayern gezählt. Alte Kupferdrucke, auf denen alle zwölf dargestellt sind, vermitteln jedenfalls diesen Eindruck. Das kleine Altenhohenauer Kindl finden wir dabei in einer würdigen Umgebung: Altötting, Heilig Kreuz in Polling, die schmerzhafte Mutter vom Herzogspital in München, Maria Stern in Taxa, der gegeißelte Heiland von der Wies, die Muttergottes von Ettal, die Maria mit dem geneigten Haupt bei St. Ursula in Landshut, das Maria-Hilf-Bild in Passau, die Mutter vom guten Rat bei den Franziskanern in München, die Muttergottes von Andechs und endlich Herrgottsruh in Friedberg bei Augsburg. Es mag interessant sein, daß in dieser Reihe so bekannte Wallfahrten wie Maria Dorfen oder Maria Thalheim ebensowenig genannt sind wie die heiligen Hostien in Deggendorf oder die Muttergottes auf dem Bogenberg.

Gottselige Kolumba Weigl
von Altenhohenau

1713   1783

(Nach einem Gemälde im Kloster Altenhohenau
Oberbayern.)

Andachtsbild, 20. Jh.

Andachtsbilder werden gedruckt. Es entstehen kleine, briefmarkenähnliche Schluckbildchen für die Wallfahrer, man prägt Wallfahrtsmedaillen, und Schwestern stellen Nachbildungen dieses Christkindls aus Wachs her, die sie reich kleiden. Der ehemalige Direktor des Bayerischen Staatsarchivs, Alois Mitterwieser, übrigens ein geborener Griesstätter, schreibt in seiner Klostergeschichte von Altenhohenau: »Ich kann noch tief in Niederbayern, in München und Eichstätt, in Museen und Wallfahrtsplätzen, ja sogar in der Altöttinger Schatzkammer Nachbildungen des zierlichen Altenhohenauer Jesuskindes in Rokokokästchen nachweisen. Natürlich sind diese in unserem Kloster entstanden und dann an Verwandte, Wohltäter oder hohe Besuche verschenkt worden.« So besucht im Jahr 1774 Kurfürst Max III. Joseph in Begleitung seiner Frau und seiner beiden Schwestern das Kloster am Inn. Bei dieser Gelegenheit bekommt er zur Erinnerung an den Besuch »eine gestückte Tafel« und jede seiner beiden Schwestern, darunter ihre königliche Hoheit Antonie von Sachsen, eine reiche Nachbildung des kleinen Gnadenbildes.

Pater Wildenauer, einst Spiritual des Klosters, hat sich sehr der Geschichte des kleinen Altenhohenauer Kindls angenommen. In seinen Aufzeichnungen ist er auch den Geschenken nachgegangen: »Ein Graf Spreti bedankt sich 1777 für das Kindlein, das der ›besonderen Andacht meiner Gräfin aufbehalten‹ ist. – Bischof Breuner von Chiemsee bekommt bei der großen Firmung 1788 ›ein reiches, mit Gold gespitztes Gnadenkindl‹ verehrt, sein Kaplan ein ›rotsaitenes‹, der Kammerdiener ein kleines. Die Familie Kappler von Ölkofen, eine M. Ernestine de Bloumenfelt, eine Schwester Magdalena aus Fürst in Schwaben oder Bodenseegegend bedanken sich herzlich für das ›schöne Iberhikte Kündl‹.« Auch die Ursulinen in Straubing erhalten eine solche Nachbildung zum Geschenk, sogar von der Mutter Columba selbst, und dieser Nachbildung schreibt die Superiorin des Klosters, Maria Stanislava, die Rettung des Klosters beim großen Straubinger Stadtbrand im Jahre 1780 zu. »Der Eremit Fr. Bernhard Müller überbringt am 28. 12. 1762 der Pflegemutter Columbas in deren Auftrag ein solches Jesulein.«

Wie gesagt, wie alt das kleine Gnadenbild ist, seit wann es verehrt worden ist, läßt sich nicht mehr genau feststellen. In Zimmermanns »Geistlichem Kalender« ist es 1752 erwähnt. Die älteste Votivtafel aber stammt aus dem Jahr 1749. Oben das Altenhohenauer Kindl in einem kräftigroten verzierten Kleidchen, darunter eine Frau, kniend in einem Betstuhl, vor ihr, in Windeln gewickelt, ein Kind. Alle anderen Tafeln, so weit sie noch erhalten sind,

Andachtsbild; Kupferstich, 18. Jh.

Andachtsbild; Kupferstich, 18. Jh.

stammen aus den Jahren zwischen 1769 und 1794. Der Strom der Gläubigen wächst, und sie bringen nicht nur ihre Votivtafeln. 1764 macht gar ein Spezereihändler aus Passau eine Stiftung von tausend Gulden für ein ewiges Licht, um seinen Bitten beim Christkind von Altenhohenau etwas mehr Gewicht zu verleihen.

Zur Zeit befindet sich das kleine Gnadenbild in einem Glasschrein auf dem rechten Seitenaltar. Durch einen Gang von der jetzigen Columbakapelle, der ehemaligen Kreuzgangskapelle aus, hat man ehedem den Schrein erreichen können. Eine kleine Öffnung auf seiner Rückseite verrät uns, daß man hierher Gegenstände gebracht hat, um sie an dem Kind zu berühren. Von dieser Möglichkeit haben die Schwestern sicher auch häufig Gebrauch gemacht, denn auf den meisten Andachtsbildchen steht aufgedruckt: »Ist Anberührt«. Es gibt übrigens ein Bildchen vom Kupferstecher Söckler in München, im 18. Jahrhundert gestochen, auf dem geschrieben steht, daß das Jesulein selbst »in Palästina an verschiedenen heiligen Örthern anberühret« ist.

Auch das Kloster Altenhohenau verfällt der Säkularisation. Im 19. Jahrhundert gerät das Gnadenbild in Vergessenheit. Zwar beruft sich Pfarrer Schmidkonz aus Griesstätt nach dem Tod des letzten Beichtvaters im Jahre 1822 nachdrücklich auf die Verehrung des Altenhohenauer Kindes, um die Kirche und die Seelsorgestelle zu retten. Aber das Gotteshaus bleibt fast immer verschlossen, gläubigen Verehrern des kleinen Kindes der Zutritt verwehrt. So wird es nach und nach fast völlig vergessen. Als 1923 das Kloster von Dominikanerinnen neu gegründet wird, kommt es zu keiner neuen Verehrung mehr, zumal vom Jahr 1925 an das sogenannte Columbajesulein an Bedeutung gewinnt.

Wenn man nämlich von Altenhohenau erzählt, darf man dieses zweite Christkind nicht vergessen. Es ist eh zum bekannteren der beiden Kindl geworden.

Es ist aus Holz geschnitzt, 52 Zentimeter hoch, hält in der linken Hand eine blaue Weintraube und in der rechten eine einzelne Weinbeere. Die Forschung schreibt dieses kleine Kunstwerk dem Meister von Seeon zu, der um 1430 gelebt hat.

In das Licht der Geschichte rückt dieses Kindl durch die gottselige Mutter Columba Weigl, eine Mystikerin, die es pflegt und umsorgt, die es ihr »Hauserl«, ihren göttlichen Haushalter nennt, und es voller Stolz auch Besuchern zeigt. Die Gemahlin des herzoglich-zweibrückenschen Legationssekretärs Jakob Philipp Poschinger schreibt im Jahr 1781 sogar ein Attest, in dem sie bezeugt, daß sie am 19. Januar 1765 bei einem Besuch im Kloster das Jesulein an der Winde der Pforte in Empfang nehmen durfte und dabei ganz deutlich gefühlt habe, daß sich die Füßlein wie Fleisch angefühlt hätten. Darauf habe sie fast erschrocken gerufen: »Jesus, Jesus – hat nicht dieses Kindl so linde Füß!« Die Mutter Columba habe nur verständnisvoll gesagt: »Ja mei – ja mei«, dann ließ sie sich ihr Hauserl wieder durch die Winde hereingeben.

Columba Weigl weiß um diese Wunder ihres Haushalters. Und neben dem Altenhohenauer Christkindl erfährt nun, wie wir aus Aufzeichnungen über die Mutter Columba und ihre Zeitgenossin Paula wissen, innerhalb des Klosters das Kind mit der Weintraube und der Weinbeere eine besondere Verehrung. Visionen dieser Schwestern spielen bei dieser Entwicklung sicher keine unbedeutende Rolle. Das Kind erscheint ihnen immer wieder als lebende Person, es ergeben sich in Rede und Gegenrede Gespräche, die den Eindruck erwecken, als ob alles Wirklichkeit wäre. Mutter Columba erschaut in der Ekstase das Kind in der Krippe auf Heu liegend, bald auf den Armen der Mutter Gottes oder des heiligen Joseph, ja sogar auf dem Arm des heiligen Antonius. Von ihnen erbittet, erfleht und erhält sie es auch immer wieder. In Vision erlebt sie die Geburt des Herrn und sie ist entzückt von der Schönheit des

Andachtsbild; Kupferstich, 18. Jh.

Kindes. Sie sieht die Hirten zur Krippe kommen und ihre Gaben darbringen, sie ist dabei, wie die Heiligen Drei Könige mit ihrem prächtigen Gefolge anreiten, um das göttliche Kind zu verehren. Eines Tages darf sie sogar zusehen, wie das Jesuskind mit dem heiligen Johannes spielt und erleben, wie sie der Gottessohn einlädt mitzuspielen. Und das alles glaubt sie ganz fest.

Mit diesen Begegnungen verbinden sich aber für die Mutter Columba nicht nur glückliche Stunden. Das Kind lobt nämlich nicht nur, es tadelt und mahnt auch, es führt sogar Klagen über zu geringe Verehrung von seiten so mancher Schwester.

Gerade die Zeit des Advent und das Weihnachtsfest werden Höhepunkte von Mutter Columbas Kind-Jesu-Mystik. Dabei ist der Advent für sie keineswegs die Zeit froher Erwartung, er ist vielmehr die Zeit leidvollen Opfers. Sie muß ihr Herz bereiten zur Liegestatt für das Kindl, der Stall muß gezimmert werden, und unter den Hammerschlägen zuckt sie ängstlich zusammen. Stunde um Stunde begleitet sie durch eisige Nacht das hochheilige Paar auf der Suche nach einer Herberge. Vor jeder Tür ist sie voller Hoffnung und im nachhinein bitter enttäuscht, bis sie dann belohnt wird mit der höchsten Weihnachtsseligkeit, bis sie das Kind schauen, verehren und sogar zwei Stunden auf den Armen wiegen darf.

Dies Columbakindl findet Verehrung auch bei den anderen Schwestern. Sie sorgen sich um das Kind, sie kleiden es reich und vornehm, nähen ihm prächtige Schuhe,. Eines Tages aber sieht die Frau Oberin, daß diese Schuhe abgelaufen, ihre Sohlen abgewetzt und zerrissen sind. Sie ruft die Klosterfrauen zusammen, um ihnen den Schaden zu zeigen. Aber niemand weiß eine Erklärung. Eines Nachts nun kann eine junge Nonne nicht schlafen. Sie sieht am unteren Spalt ihrer Zellentüre einen huschenden Schein, steht von ihrem Lager auf, schaut hinaus auf den Gang und sieht das Columbajesulein behend von Zelle zu Zelle laufen und leise die Türen öffnen, um nach dem Rechten zu sehen.

Das Geheimnis ist entdeckt und die Schwestern nähen ihm neue Schuhe. Noch heute werden sie in einem Zimmer hinter der Pforte, zusammen mit den Kleidchen des Kindes, in dem kleinen Kleiderschrank des Haushalters der gottseligen Mutter Columba aufbewahrt. Wieder aufbewahrt muß man sagen, denn dieses zweite Altenhohenauer Christkind hat einige Irrfahrten bestehen müssen. Nach dem Tod der Mutter Columba hören wir nichts mehr von ihm. Erst als die Säkularisation über das Kloster kommt, schreibt im Jahr 1803, wohl im März, eine Nichte von ihr, die Priorin Mater Klaudia, an ihre Schwester, eine verehelichte Frau Kratzer:

»Hochgeehrte, meine liebste Frau Schwester!
Es hat nun gar keine andere Aussicht, als daß es mit den Klöstern aus ist. Meine liebe Frau Schwester, schrecklich geht es bei uns zu, ... daß es scheint der Nagel an der Wand wird verkauft. Was unser Elend noch vergrößert, ist die Furcht, daß wir vielleicht auch noch fort müssen. Nun übersende ich Ihnen meinen allerliebsten Schatz, den göttlichen Haushalter ...«

In dieser Familie nun wird das Hauserl in großen Ehren gehalten, es wird weitervererbt, bis es in den Besitz einer Regina Kratzer kommt. Diese Frau verleiht das Hauserl immer wieder und wohin es auch kommt, rechnet man es sich zu hoher Ehre an, das Kindl der Mutter Columba verehren zu dürfen. Im Mai 1879 nimmt es am 25jährigen Jubiläum der Ordensstiftung des Klosters Au am Inn teil. Es kommt zu einigen geistlichen Herren im Schwäbischen. Die Dominikanerinnen in Wettenhausen erbitten es und würden es am liebsten nicht mehr hergeben. So lassen sie eine Kopie herstellen, der sie das alte Kleid anziehen, ehe sie das Originalkindl zurückgeben.

Das Columbakindl hat übrigens so manche Nach-

Das Augustinerkindl vom Münchner Bürgersaal

bildung erfahren. Solche finden wir zum Beispiel im Kloster Metten bei Deggendorf, in Maria Medingen bei Dillingen oder Heilig Kreuz in Regensburg. Auch in München gewinnt das Kindl weltliche und geistliche Verehrer, aber als das Kloster Altenhohenau neu begründet wird, wollen es die Schwestern wiederhaben. Die Dominikanerinnen berufen sich darauf, es sei seinerzeit den Verwandten der Mutter Columba nicht geschenkt, sondern nur zur Aufbewahrung überlassen worden. Die Kapuziner verschließen ihr Ohr und berufen sich auf Verjährung. Da bitten die Schwestern den Erzbischof von München und Freising, Kardinal Michael von Faulhaber, um Vermittlung. Am 12. April 1925 ist es dann soweit. Die Kapuziner geben das Columbakindl frei und am 22. August kann der göttliche Haushalter der Mutter Columba nach 122 Jahren feierlich heimkehren in das Kloster der Dominikanerinnen zu Altenhohenau.

Das wundertätige Jesulein der Gottseligen Columba von Altenhohenau (Bayern).

Andachtsbild, 20. Jh.

Das Christkindl von Christkindl bei Unterhimmel

Eigentlich hat man die Wallfahrt »Zum gnadenreichen Christkindl im Baum unterm Himmel« geheißen, und begonnen hat das alles mit einem gewissen Ferdinand Sertl. Thurnermeister von Steyr ist er gewesen, das war so viel wie Kapellmeister der Stadtmusik und Türmer auf dem Stadtpfarrturm. Damit war er auch zuständig für die Feuerwache. Seinen Namen findet man in alten Ratsprotokollen von Steyr, in denen zum Beispiel 1691 festgelegt ist, daß der Thurnermeister »seine Gesellen und Jungen zu gewöhnlichen Nachschlagen und Tagwacht ... als auch zu dem Abblasen alles Fleiß verhalten und mit seinen Gesellen und Jungen täglich Musik üben muß.«

Dieser Ferdinand Sertl hat an Fallsucht, an Epilepsie, gelitten und deshalb, so ist es überliefert, gern die Einsamkeit aufgesucht. So ist sein Lieblingsplatz ein kleines Waldstück gewesen, am Rand der felsigen Hochterrasse des Ufers der Steyr, nahe der Ortschaft Unterhimmel. Dort hat er an einem Fichtenstamm ein auf Blech gemaltes Bild der Heiligen Familie aufgehängt, und vor diesem Bild hat er, wie in Melk, wo er vorher Dienst getan hat auch, seine private Andacht gehalten

Im Jahr 1695 oder 1696 kauft Sertl für 30 Kreuzer von der Ausgehschwester der Cölestinerinnen »Am Berg« in Steyr ein kleines, in Wachs geformtes Christkindl. Er trägt es hinaus in den Wald bei Unterhimmel nahe der Schindergrube, stemmt mit dem Eisen aus dem Baum eine kleine Höhlung und stellt das Figürchen hinein.

In einem sogenannten »Inquisitionsprotokoll« sind die Aussagen des Ferdinand Sertl vom 16. September 1706 aufgezeichnet. »1691 nach Steyr gekommen hat er zuerst ein Jesus, Maria, Joseph Bild dorthin, als an dem er geglaubt, seine Andacht desto ruhiger und unverwirrter pflegen zu khönnen. Endlich sey ihm gleichsamb im Traumb vorkhommen, Er solle Bey denen Steyrer Chlosterfrauen Ein Jesus Khindl Khaufen und hinaus Tragen; folgendten Tags darauf sey Er also gleich zu Ehrengedachter Closterfrauen allbereiths verstorbener Einkhauferin Nahmens Regerl gangen, habe ein Jesuskhindl umb 30 Creuzer von ihr gekhauft, als dann Sich an den Orth verfüget, in den Baum ein Loch nach proportion des Bildts ausgestemmet, gedachtes Bild hineingesetzt und darauf Sein Andacht mehrmahlns in der wochen, sonderlich aber am Sambstag in Regen und Schnee darbei verrichtet und wahrgenohmen, daß in deme Er vorhero gar dickh der hinfallenden Krankheit underworfen gewesen, er öfters nicht solch zu Steyr als zweymahl endt von Zehn Jahren her gar nicht mehr/ : dem höchsten Gott danckh gesagt:/ gelitten, welches Beneficium Er dieser Andacht zumesse ... In was vor Ein Jahr er das bildt hinausgetragen habe? Sertl: Wisse Er nicht gar zu gewiß, vermeine doch, Es werde ohngefahr anno 1695 oder 1696 geschehen sein.«

Dieses Christkind ist wohl die Nachbildung eines im Kapitelsaal der Cölestinerinnen, den Augustinerinnen von der Verkündigung Mariens, verehrten Figürchens, von dem man sagt, daß es eine Kopie

Das Columbakindl von Altenhohenau

Das Altenhohenauer Gnadenbild

des kleinen elfenbeinernen Lorettokindls von Salzburg gewesen sei. Diese Nachbildung aber sei seit dem Brand des Klosters am 29. August 1727 in der Kapelle des Schlosses der Grafen von Lamberg in Steyr gewesen und bis 1940 dort geblieben.
Josef Perndl hat in seiner kleinen Schrift »250 Jahre Christkindl« die Spuren dieses Kindls verfolgt. »Ein Herr von Rechling aus Salzburg hatte mehrere solcher Wachschristkindl an eine Verwandte im Benediktinerinnenkloster Göß bei Leoben gesandt. Eines davon erhielt Frau Regina, geb. Gräfin von Seeau, die es einer Karmelitin nach Graz schickte; von dieser bekam es dann am 1. Jänner 1684 Maria Elisabeth Parangin, Chorschwester bei den Cölestinerinnen in Steyr. Diese war seit über neun Jahren völlig an beiden Füssen gelähmt und erhielt am Pfingstdienstag 1684 während des Gebets vor diesem Christkindlbild plötzlich wieder das volle Gehvermögen . . .« Diese Geschichte überliefern Franz Pritz in seiner »Beschreibung und Geschichte der Stadt Steyr«, die 1837 in Linz erschienen ist, und Ignaz Schroff in seinen »Annalen der Stadt Steyr«. Beide übernehmen ihren Bericht aus den handgeschriebenen Annalen der Cölestinerinnen in Steyr, einem Manuskript, das Josef Perndl allerdings vergebens gesucht hat. Von dem Wachschristkindl heißt es, ein Münchner Kunsthändler habe es 1940 erworben; ob es den Krieg heil überstanden hat, ob und wo es heute zu finden ist, niemand weiß es zu sagen.
Von diesem Wachschristkindl jedenfalls hat der Stadtmusikus Sertl eine wächserne Nachbildung erhalten. Er hat sie in den Baum gestellt und zu ihr geht er, wallfahrtet er, Samstag für Samstag, und wenn er selbst keine Zeit hat, dann kommt an seiner Statt seine Frau. Dieses »Christkind«, das glaubt er ganz fest, hat ihn geheilt. Hat er es zuerst angebetet um Heilung zu finden, so kommt er nun aus Dankbarkeit, denn seine Heilung verdankt er diesem »Beneficium«, davon ist er überzeugt. Diese Heilung spricht sich herum, und bald geht nicht nur Sertl zum Christkind im Baum.

Diesen Zulauf findet das wächserne Christkindl aber nicht zuletzt auch durch den Traum eines evangelischen Soldaten. So will es wenigstens die Überlieferung. Bernhard Mönich hat er geheißen, 48 Jahre war er alt und unter dem Hauptmann Johann Sigmundt Dewent hat er in der Leibkompanie des Grafen Rüdiger Ernst von Starhembergschen Regiments zu Fuß gedient. Diese Kompanie liegt anno 1698/99 in der Ortschaft Unterwald, Gemeinde Sankt Ulrich, bei Steyr in Quartier. An einer anderen Stelle heißt es, Mönich sei in Steyr selbst im Quartier gelegen. Diesem Soldaten erscheint nun das kleine wächserne Kindl im Traum. Er wacht auf, schläft kurz darauf wieder ein, und es kommt ihm nun vor, als habe er seinen militärischen Abschied erhalten, sei zum Gnadenbild gegangen und dort ein Klausner geworden, der von den Almosen gläubiger Wallfahrer und der Bauern der Umgebung lebt. Am nächsten Tag erzählt er seinem »Hauswirth«, dem Steyrer Bürger Johann Gotthard Seydl, von seinem Traum, und er fragt ihn, ob hier in der Nähe eine kleine Christkindlfigur verehrt würde. Seydl antwortet: Ja, dort droben im Wald stehe in einer Fichte ein kleines wächsernes Christkind. Der Soldat geht hin und erschrickt, denn es ist genau das Kind, das er im Traum gesehen hat. Da beschließt er, katholisch zu werden. Er sagt das seinem schon genannten Quartierwirt Seydl. Beide gehen in das Steyrer Kapuzinerkloster, wo der Soldat von Pater Ambrosius im Glauben unterwiesen wird. Am Fest Pauli Bekehrung, Paulus war ja auch Soldat, am 25. Januar 1699, legt der Soldat Bernhard Mönich das katholische Glaubensbekenntnis ab, beichtet und empfängt die heilige Kommunion. Auf den Befehl seines Hauptmanns Dewent führt nun der Korporal Johann Georg Crasst den Soldaten dem Stiftshofrichter von Garsten, Raphael von Hagen, Edler von Freynthurm, vor. Vor ihm, vor dem Stiftshofkastner

Holzschnitt für Kanzleipapierumschläge der Papiermühle in Unterhimmel, um 1740

Trösterlein aus dem Kloster Reutberg

Kopie des Augustinerkindls im Kloster Andechs

Johann Gstöttner und dem Apotheker von Steyr-Garsten, Johann Michael Pruchauer, sagt Mönich am 21. Mai 1699 unter Eid aus, warum er den Glauben gewechselt habe. Alles wird zu Protokoll genommen. Einen Bericht darüber sendet Abt Anselm am 24. Juli 1699 an den Fürstbischof von Passau. Diesem Schreiben aber legt Seine Gnaden einen Bericht bei über die »Anzaigen Verschiedener Leuth wegen dess Jesus Kindl in dem Baum«, die wunderbare Heilung nach der Anrufung des Gnadenbildes bezeugen.

Die Heilungen sprechen sich herum. Viele Menschen kommen, einer von ihnen ist der Zimmermeister Ulrich Burgerstorffer von Pichling. »Ulrich Burgerstorffer Zimmer-Meister von Pichling verletzete Anno 1699 unter der Arbeit ungefähr ein Scheitten das Aug / und vermehrete sich der Schaden / und Schmertzen gantze acht Wochen von Tag zu Tag je mehr und mehr. Ob er schon unterschidliche Mittel unter diser Zeit zu Hülff genommen / wolte doch keines verfangen. Entlichen der langwirige Zustand eröffnete ihme die Augen / denjenigen zu erkennen / durch Verehrung dessen ihme wurde geholfen werden / nemblichen das Gnadenreiche JEsus-Kindl in dem Baum / disen verpflichtete er sich durch ein Gelübd / bey der Hütten / so über das Christ-Kindl solle gebauet werden / ohne Lohn zu arbeiten / wofern er das Gesicht widerum überkommen werde; worauff ohne Verzug die Schmerzen sich auß dem Aug verlohren / er das gute Gesicht überkommen / und weiteres seiner Arbeit können vorstehen / wie er es selbsten uns unterbracht / da er sein Gelübd bey Erbauung der Hütten erfüllet...«

So steht es in einem Buch: »Wunderwürckender / Lebens-Baum / das ist: Außerlesene Gnaden-Geschichten / so das Allergnadenreichiste JESUS-Kindl in dem Baum / unter den so genannten Himmel / unweit der Lands Fürstl. Stadt Steyr / durch seine unendliche Liebe und Barmhertzigkeit / Von Anno 1698 biß 1712 / denen Armseeligen Kranck- und Bresthafften Menschen erwiesen. / Beschriben und zusamben getragen / durch P. Ambrosium Freydenpichl«.

Dieser Pater Ambrosius ist Benediktiner vom nahen Kloster Garsten und singt in seinem Buch das Hohelied vom Christkindl im Baum. Die hölzerne Kapelle, von der bei der Heilung des Zimmermeisters Burgerstorffer die Rede ist, wird noch im gleichen Jahr gebaut. Der Zulauf wird größer und größer, und Abt Anselm vom Kloster Garsten berichtet dem Bischof von Passau über die neuentstehende Wallfahrt. Er betrachtet das Geschehen um das wächserne Christkind im Baum mit rechtem Mißtrauen. Zweifelnd hört er von zahlreichen Heilungen und er bittet, diese Entwicklung durch eine geistliche Kommission überprüfen zu lassen. Am 30. September 1699 wird diese Kommission durch den Direktor des bischöflichen Konsistoriums in Passau, Max Gandolf Steyrer, und Johann Bernhard Gentilotti von Engelsbrunn, dem Dechanten von Linz, abgehalten. Und diese beiden Kommissare stellen fest, daß der Zuzug von Wallfahrern groß sei: »... viel Andächtige Seelen / auch auß unterschiedlichen Ländern / als Unter-Oesterreich / Steyrmarck / Bayern / Saltzburg / Italien / Mähren / Crain / und deren mehr / insonderheit aber die Innwohner Hoch= und Nidern Stands der Löbl. Stadt= Steyr / dero Gewicht der preyßwürdigen Andacht zu dem liebreichisten Gnaden=Kindl in so hohen Grad gestiegen / daß in dem Jahr kein Monat / in dem Monat kein Wochen / in den Wochen kein Tag / in dem Tag mehrmalen kein Stund / so wohl bey widerigen / als annemblichen Aspect deß Himmels zuzählen ware / in welchen dise Eyfferer nicht laufeten unter dem heylsamen Schatten unsers Geistlichen Lebens=Baum / dem anmüthigsten JEsus= Kind ihre Anliegenheiten durch silberne und gemahlne Opffer=Taflen vorzustellen / und durch ein H. Opffer seine allmögende Göttliche Hülff zu=gewinnen; dahero in wenig Jahren gegen 400. silberne / und etlich 1000. gemahlne Opffer=Taffeln sich einfindeten / auch unterschidlichemahlen in einer Wochen / wohl auch ein und andern Tags auf 20. biß 30. fl. das Opffer hinauf geloffen; dise respective grosse und jedermann bekante Ertragnus entzündete in denen Gottseeligen Gemüthern ein feuriges Verlangen / von dem verehrten Geld dem Göttlichen Kind ein gebührende Wohnung oder Kirchen aufzuführen...«

Die beiden Kommissare stellen im übrigen fest, daß die Andacht schon so weit gediehen sei, »daß selbige nicht also gleich zu hintertreiben seye«.

Die beiden geistlichen Herrn wagen keine Entscheidung. Daraufhin fährt der Subprior vom Kloster Garsten, Pater Maurus Wenger, zum Dechanten Gentilotti, um sich Rat zu holen. Später berichtet Abt Anselm dem Bischof davon. Josef Perndl hat diesen Brief in Passauer Akten gefunden: »Man hat auf dessen guett Befindten von dem eingegangenen opfer bey so häuffigem accurs des Volckhs angefangen, den orth mit einer Mauer, jedoch ohne Tach und Überzimber zu umbfangen und selbiges also einzurichten, daß wann Euer Hochfürstl. Eminenz khonfftig über Kurz oder lang ein Capellen alda zu erpauen gnedigst bewilligen wurden, dieses Gepau nicht vergeblich seye, sondern zu solcher Intention dienen khönne. Indeme aber die Herrn Commissarii in Ihrer dieser Sache halber zu erstatten gehabten gehorsambsten relation ziemlich lang verzogen, ich also nicht vor rathsam befunden, auf des Herrn Dechants zu Linz bloßes Wortt, ohne Euer Hochfürstl. Eminenz gnedigster Speciyl=Bewilligung mit diesem gepau weithers vortfahren zu lassen, habe ich Ihme Meinen P. Subpriori anbefohlen, mit solchem genzlich inzuhalten.«

Der Zulauf der Gläubigen wächst unaufhaltsam an und die Wunder, die das Christkindl im Baum vollbringt, werden aufgezeichnet:

»Valentini Khren Söhnlein mit nahmen Georgius,

Mirakelbuch zum Christkindl »in dem Baum«, 18. Jh.

Das Christkindl als Guter Hirte

ist an dem Haubt und völligen Leib aufgeschwollen, und Zugleich voller aussaz, Herr Medicus und Apotheker wissen ihm nit Zu helffen; Kindt Zu seiner Mutter, ich hab mich Zum Christ Kindl Befohlen, wird darauf Besszer und Begehret am Oster Ertag Zum Christ Kindl geführet Zu werden, die Eltern vermainten, es werde nicht hinausgehen können, dannoch begeben sie sich mit dem Kindt auf dem Weeg, welches in hin und widergehen so wenig beschwernus gehabt, dass es gesprochen, es wollte gleich noch einmahl wiederumb hingehen.«

»Frau Catharina Rhumplerin hat Lange Zeit, nichts alsz ein wenig Suppen genüeszen können nach dem Sie von ihrer dienst-magd gehört, daß Ein Jesu Kindl bey Steyer verehrt werde, hat Sie Ihr fürgenumben solche Zu verehren, und gleich empfunde Sie, daß es sich Ihr besszerte, fangte an etwasz Speisz Zu nehmen, und ist über Ein Maill weegs Zu Fuesz Zum Christ-Kindl kommen, und kan bisz dato die Speiszen geniesz en . . .«

Anno 1701 wird nahe dem Gnadenbaum, auf einem Felsen, zu dem eine Brücke hinüberführt, eine Einsiedelei, eine hölzerne Hütte errichtet. Der erste Einsiedler kommt aus Franken, ist ein Franziskaner-Drittordensbruder, heißt Frater Johannes Steinreich und betreut nun die Gnadenstätte.

Im Jahre 1702 entstehen die Fundamente für eine richtige Kirche. Aber folgen wir hier einmal Josef Perndl, dem wohl besten Kenner der Wallfahrt zum Christkindl. ». . . erst am 5. März 1703 ersuchte Abt Anselm um den dafür nötigen bischöflichen Konsens. In Passau zeigte man sich darüber sehr erstaunt und erließ am 10. Mai 1703 an den Abt den strengen Befehl: ›Das angefangen gebeu widerumben einzustellen und ersagt Wäsernes Christkindl in Einer eurem gnädigst anvertrauten Stüfft und Closter incorporierten Capellen zu übersezen‹. Das eine war schon geschehen, zur Übertragung des Christkinds in eine andere Kirche konnte sich jedoch Abt Anselm wegen der immer noch wachsenden Zahl der Pilger nicht entschließen. Der bayerisch-österreichische Krieg machte aber vorerst weitere Bemühungen unmöglich . . .« Damit ist der Spanische Erbfolgekrieg gemeint.

In jenen Jahren häufen sich die Eintragungen von Mirakeln, von Wundern. Es sind, wie bei so vielen anderen Gnadenstätten auch, vor allem die Sorgen und Ängste um die Gesundheit, die die Hilfesuchenden zum Christkindl unter dem Himmel führen, und der Dank für die Hilfe, die sie in Augenblikken der Not durch Anrufung von ihm erfahren haben. Wenigstens ein paar wenige Beispiele seien doch genannt: ». . . den 27:ten Jener dises 1703 : Jahr hat Ihro Gnaden Herr Kayl: Ober=Kriegs Commiszarij und dero Frau gemahlin dasz Christ Kindl gesuchet, und auszgesagt, daß Ihro Gnaden Herr Ober Kr:Commiszarij selbten in den genüchhring (Genickring) solch flusz gelitten, welchen die Medici nit erkhenet, und für ungewöhnlich gehalten, auch denselben nit Zuhelffen gewust, nach verlobung als nach den Jesus Kindl sey Er glükhlich darvon entledigt worden.«

». . . den 14:ten Februar: 1703 ist ein Saifensieder von Steyr mit seinen Kind zum Christ Kindl kommen, welcher einen grossen Zwoschpenkhern an einen Silbernen Khöttl gefasst gebracht, so erst gemelten Kindt geschlikhet lange Zeit in den Hals gehabt und darüber ganz erschwarzet, endlich doch nach verlobung Zu dem Christ Kindl widerumb fon sich gestossen.«

». . . den 27:ten Febr.: hat ein Pauer mit nahmen Rachofer undern Wald Zur Capellen dess Christ Kindl gearbeitet, weillen sein Todtkhranckes Kindt auf verlobung Zum Christ Kindl widerumb frisch und gesund worden, da doch alle andr angewendten mittl nichts verfangen haben.«

»Den 18:ten April ist ein gebogene stennadl (Stecknadel) geopfert worden, so ein 11:jähriges Kindt hinabgeschlicket, und ohne schaden nach verlobung Zum Christ Kindl von den selben kommen.

Den 20:ten April gab an ein Goldschmidin von Steyer, dasz Sye 10:wochen unrichtig gewesen, und der masszen getobet, dasz Sie zwey starcke Männer nicht erhalten können, und wie wohl an Sie vill müttl angewendet worden, hat alles nicht geholffen, bis sie endlich Zum Christ Kindl Verlobet, von welcher Zeit Sie allzeit rüchtig ist.

Den 3:ten May ist Herr Aarmsi und sein Frau von Waydhoven an der Ybbs Bey den Christ Kindl gewesen, und auszgesagt, dasz der Herr die ganze fastens Zeit hindurch Töttlich Krankh gelegen, und kein artzney geholffen. Es habe Ihn aber ein gutter freund eingerathen, sich zum Christ Kindl Zu verloben, welches er gethan, und gleich darüber sein vorige gesundheit erlanget.

Den 31:ten May hat ein würth von Welsz sein Verlobnus alda abgelegt, welcher ihme seiner auszag nach den 31:ten Marty vorhero Ader gelasszen, worauf Ihme Zu Nachts die Ader aufgesprungen, auch Zugleich Zwey ganze stundt, von 2:Uhr in der Nacht bisz auf 4:Uhr ausz mundt und nasszen so vill Blut geflosszen, dasz der ganze Boden desz Zimmers damit benezet worden, Medicus und Apoteckher an Ihm verzweifelt, undt eingerathen mit denen H: Sacramenten ihn Zu versehen, welches auch geschehen, endlich aber weill er so vill von dem Christ Kindl gehöret, sich dahin verlobet, darüber sich ausgenblicklich dasz Bluet gestüllet und Er noch ganz ermattet mit weinenden augen Zu denselben kommen unnd umb seine erlangte gesundheit gedancket.«

Aber nicht nur bei Krankheiten wird das »Allergnadenreichiste JESUS=Kindlein in dem Baum/unter den so genannten Himmel« angerufen. So hat zum Beispiel der Bürgermeister von Steyr berufliche Sorgen. »Umb dise Zeit hat Herr Schwerzeigl Burgermaister dazu mahl Zu Steyr villen Raths-Herren credo bekennet, er habe ein sonderbares intentu durch anrufung des Jesus Kindl in dem Baum erraichet, dahero wolle Er demselben all Zeit Devot verbleiben.«

Das Ansehen des Christkindls war so groß, so verbreitet, daß man auch auf Reisen, in Augenblicken der Not, dieses Kindl angerufen hat. »Herr Andreas Kroiß / Handelsmann zu Sirlinghoffen / welcher Anno 1703 in Winter mit seinr Haußfrau / und Kindern außgefahren / in der Zuruckreiß das Unglück gehabt / daß die Pferd erstutzet / wild / und lauffend worden / den Herrn / die Frau / und die Kinder auß dem Wagen auff das eyß geschmissen / das Geschirr zerrissen / und sich völlig ledig gemacht. Wer solte nicht vermeinen / es wurde nicht geringen schaden abgesetzet haben? Freylich hätte es also unfehlbar geschehen müssen / wofern das gnadenreiche JEsus=Kindl / der Lebens=Baum / deme sie sich unter wehrenden Lauff andächtigst mit einer heiligen Opffer=Taffel anbefohlen / nicht hätte Schutz gehalten. Es gehete alles also glückseelig ab / daß nicht allein die freye Pferd schnur grad ihren Stall zugerennt / sondern keines auß ihnen in den mindisten Theil deß Leibs verletzet worden. Ach! wer solte sich nicht dem gnadenreichen JEsus=Kindl anbefelchen / wann es auch unter den Thieren so trostreich die Armen beschützet.«

Nicht nur beim Adel, bei angesehenen Bürgern, Handwerkern und Bauernleuten hat sich herumgesprochen, daß man beim Christkindl in Unterhimmel Hilfe finden kann; bis zu den Schiffern, die ja als besonders grobe Gesellen gegolten haben, als rohe Naturen, die es mit dem Leibhaftigen halten, ist dieser Ruf vorgedrungen. Davon erzählt eine besonders dramatische Geschichte:

»Anno 1709. in grosser Wasser=Gefahr Joachim Hueber / Schiffmaister in Enghäggen: dann als er auß Oesterreich auff den Wasser mit 24. Pferden biß 2200. Eimer Wein führete / wurde er mit der Nacht und einem starcken Wind überfallen / also / daß er zuzlenden gemüssiget worden. Da sie nun mit denen Pferden dem Land zureiteten / geradeten unglückseelig die acht ersten Pferd in einem Letten / auß welchen sie sich nach hinvor / noch zuruck

Holzschnitt für die Papiermühlen in Unterhimmel mit dem Wappen des Abtes des Klosters, Garsten Konstantin Muttersgleich (1730–1747)

kunten herauß arbeiten / setzten mithin auch die übrigen Züg in eusserste Gefahr; bey solcher traurigen und gefährtlichen Begebenheit sprochete der Schiffmaister denen billich verzagten Schiff=Knechten zu / sie sollen sich auff die Hilff deß Herrschers Himmels und der Erden / des JEsus=Kindl unterm Himmel und der Vorbitt unser Lieben Frauen zu maria Täferl steiffen; wer JEsum mit sich führet / und sich auff Ihme steiffet / wird sich niemahlen eines Unglücks zubeförchten haben. Auff solches Zusprechen befalche der Schiffstaller das sail abzuhacken; dann seyn 2. Zillen eine halbe Stund / die 2. andere aber eine Stund weit abwerts gerunnen / und mit den Pferden glückseelig ohne allen Schaden an das Land kommen. Damit dise grosse Gnad nicht in Vergessenheit kommete hat gedachter Schiffmaister die Begebenheit in ein Gemähl entwerffen lassen / und selbiges unterm Himmel uns eingehändiget.« Und der Bericht schließt: »Ach! wie glückseelig jener Mensch / der mit dem Königlichen Psalmisten David zu GOtt kan ruffen / ich will nicht böses förchten / dieweil Du bey / und mit mir bist.«
Diese Eintragungen sind nur Beispiele aus einer Fülle von Mirakeln die aufgezeichnet worden sind, aber sie zeigen doch, daß sich die Anliegen der Gläubigen auf das ganze Leben gezogen haben.
Aber nun zurück zum Briefwechsel des Abtes vom nahen Kloster Garsten mit dem Bischof von Passau, zurück zu dem Tauziehen, ob nun diesem Christkindl eine gemauerte Kapelle errichtet werden dürfe oder nicht. Die Widerstände der kirchlichen Obrigkeit haben zwei Gründe. Zum ersten findet man es unwürdig, die Kirche neben der Schindergrube zu errichten, denn das Christkindl im Baum unterm Himmel steht tatsächlich neben dem Arbeitsplatz des »unehrlichen« Abdeckers.
Ein zweiter Grund ist schon am 2. April 1703 vom Direktor des bischöflichen Konsistoriums in einem Schreiben niedergelegt. Er spricht darin von den »zu allen novitäten ganz erhitzten Teutschen gemütern umb die Steyrerische gegend herumb, die das zu einer neuen Kürchfahrt, S.V. nepst der schintergruben auserkorne Wäldl besuchen«. Und er hat den Verdacht, daß die Duldung, ja die Förderung dieser Entwicklung von seiten des Klosters nicht so selbstlos sei, und auf keinen Fall nur der Ehre Gottes diene. Er bedient sich dabei einer recht harten Sprache: »...die Mönch thuen aniezo die religionsübung mit so vilen Caeremoniis anfillen, processionen anstöllen, soviel unnötige Kirchen und Capellen erbauen, damit der Apostol. Priesterschaft die Almosen, legata, begräbnis entzogen und dafür ihre Kirch und Kuchl reichlich dotiert werden.« Da man aber in Passau und in Oberösterreich um altbayerische Mentalität weiß, vermutet die hohe Obrigkeit wohl nicht ganz zu Unrecht, daß das nächste, was dann unter dem Vorwand christlicher Nächstenliebe gebaut werde, ein Wirtshaus sei und endlich damit dem Wucherteufel Tür und Tor geöffnet werde.
Der Abt von Garsten gibt nicht auf. Der Dechant Gentilotti macht sich ebenfalls zum Fürsprecher des Kirchenbaus. Er schreibt verbittert, daß er vor diesen Entscheidungen nie zu Rat gezogen worden sei, daß der Direktor des bischöflichen Konsistoriums Steyrer doch selbst an Ort und Stelle festgestellt habe, daß eine bessere Verwahrung des Ortes nötig sei. Im übrigen könne man wirklich eine neue Andacht nicht gleich bestätigen oder ablehnen, schließlich müsse man erst einmal schauen, ob sie zu- oder abnehme. Und nachdem man in einem Schreiben vom 3. März 1704 wieder einmal frage, wie es um die Wallfahrt stehe, so könne er nur antworten, die Zunahme sei so stark, daß an manchen Tagen bis zu 1000 Personen kämen. Im übrigen habe der Abt keine finanziellen Vorteile, und ein Wirtshaus wolle er auch keines bauen. Die Folge sei allerdings gewesen, daß die Papierer und Kupferschmiede vom nahen Ort Unterhimmel den Wallfahrern ihren Haustrunk ausgeschänkt haben. Der Abt habe diese

Unsitte streng untersagt, denn auch er wisse, daß der Teufel bei Wallfahrten seine Hand gern im Spiel hätte, aber hier sei wirklich bisher nur »Auferbauliches« geschehen.

Am 18. Juni 1706 dreht Abt Anselm von Garsten den Spieß sogar um. Er wendet sich mit einer neuen Bitte an den Bischof und meint, die einmal geforderte Übertragung des Christkinds in das Kloster Garsten würde zwar dem Stift und seiner Taverne sehr nützen, aber von der Gemeinde und von den Gläubigen würde das nicht verstanden. Auch seien alle Einwände gegen den Ort unerheblich, er sei bequem und er sei honett. Außerdem sei er so eng, daß man wirklich nur eine kleine Kapelle errichten könne. Sein einziges und ausschließliches Ziel und all seine Bemühungen gelten nur »pro augenda devotione et promovendo cultu Divino«, (der Steigerung der Andacht und der Erhöhung der Verehrung Gottes) und deshalb bitte er demütig, den nun einmal angefangenen Bau vollenden zu dürfen, damit das Christkindl im Baum endlich ein würdiges Haus bekäme.

Nun wird der Dechant von Haag in Niederösterreich, Veith Daniel Götz, beauftragt, an Hand von 22 vorgeschriebenen Befragungspunkten eine neuerliche Untersuchung vorzunehmen. Götz besichtigt eingehend die Gnadenstätte, stellt auch ein Verhör mit Ferdinand Sertl an und verfaßt ein ausführliches Protokoll. Er sendet es am 16. Oktober 1706 nach Passau und bemerkt dazu, daß er nach der ganzen Sachlage der Ansicht sei, man solle nicht auf der Translation, der Übertragung, bestehen und den Weiterbau erlauben. Im Befund über den Zustand des Wallfahrtsortes berichtet er, daß die um den Baum errichtete Hütte nur mit einem hölzernen Gatter verschlossen sei. Im Innern seien einige Kirchenstühle, und die Wände dicht behängt mit mehr als hundert Denk- und Dankopfern und bald dreihundert Votivtafeln. Es seien schon schöne Meßkleider gespendet, ja der alte Baron Risenfels habe

Andachtsbild; Kupferstich, 18. Jh.

bereits eine Glocke von 186 Pfund gießen lassen. Im Umkreis der Hütte stehe das Mauerwerk in einer Länge und Breite von 8½ Klaftern und einer Höhe von drei oder vier Klaftern, also ein stattlicher Bau, an die 16 Meter lang und breit und zwischen 6 und

Andachtsbild, mit Goldfolie hinterlegt, 18. Jh.

7½ Meter hoch. Allerdings habe der Bau noch kein geschlossenes Dach.
Durch die Einstellung des Baues, der bisher 1800 fl gekostet habe, sei ein schwerer Schaden entstanden. Das Gerüstholz sei unterdessen vermorscht, vermodert, auch das Mauerwerk habe deutlich Schaden genommen. Die Kosten seien allein von Opfergaben bestritten worden. Der Prior habe zudem weitere 1800 fl in Verwahrung, von denen 1600 Gulden auf Interesse, also zinstragend, ange-

legt seien. Die Wallfahrer kämen aus allen Ständen, aus geistlichen und Laienkreisen. An manchen Tagen kämen vier- bis fünfhundert, die an Feiertagen vor oder nach der Wallfahrt den Gottesdienst in Steyr besuchen.
Dieser Bericht und das Bittschreiben des Abtes von Garsten werden dem Bischof von Passau vorgelegt, der am 7. November 1706 in einem Erlaß an den Generalvikar antwortet: »Was Ihr über zunehmen der Wallfahrt und Begehrn des Abtes, den Bau forzuführen berichtet, haben Wür reifflich überlegt und Euer Guettachten uns soweit gefallen lassen, daß weillen diese Andacht gleich dem Baum in 10 Jahren zu tiefst eingewurzelt, iezt nicht wohl mehr ohne Ärgernuß und allerhand Verwunderung aus dem alten Grund könne gehoben werden, daß Wür in ansehen dieses kein bedenckhen tragen, die forthsezung des Capellen Gebäu zu erlauben . . .«
Allerdings, das ist die Bedingung, müsse zuvor mit dem Prälaten ein Vertrag zur Sicherung der Ordinariatsjurisdiktion abgeschlossen werden. In längeren Verhandlungen fordert Passau sogar, daß diese Kapelle mit dem Christkindl »pleno jure« dem Ordinariat unterstellt werde, wenn das geschehe, dann könne weitergebaut werden. Abt Anselm ist aber nicht gewillt, diese Forderung anzunehmen, er beruft sich vielmehr auf die alten und wiederholt vom Papst bestätigten klösterlichen Rechte und äußert, schließlich läge die Kapelle im Pfarrbereich von Garsten und deshalb könne man nicht einfach die Aufgabe des Inkorporationsrechts verlangen. Man bereitet sich wieder einmal auf langwierige Verhandlungen vor.
Da wird am 28. Februar 1708 in die kleine hölzerne Kapelle, die eher einer Hütte gleicht, eingebrochen. Es ist nicht das erstemal. Die Einbrecher dringen durch das Dach ein, reißen Votivtafeln von den Wänden, werden aber durch Leute aus der Umgebung gestört und müssen fliehen. Dieser Vorfall bringt die Verhandlungen neuerdings in Bewegung, und nach

langem, zähen Hin und Her kommt der Abt endlich an sein Ziel. Ein bischöflicher Erlaß vom 12. März 1708 bewilligt die Inkorporierung der nun entstehenden Kapelle als Filialkirche von Garsten unter der Voraussetzung, daß ein Revers über die Einhaltung der Verpflichtung des sogenannten Wiener Rezesses eingesendet werde. Außerdem müsse das Kloster ein jährliches Kathedraticum von 4 fl 46 kr. bezahlen.

Die Auflagen werden erfüllt, alle Hindernisse sind endlich aus dem Weg geräumt, und Abt Anselm erhält am 16. April 1708 endlich die längst ersehnte Bewilligung.

Nun also darf das Christkindl doch an seinem angestammten Platz im Baum unterm Himmel bleiben, der Abt läßt die Arbeiten sofort in Angriff nehmen, und am 31. Mai 1708 legt er feierlich den Grundstein, der noch heute unter der Kanzel zu sehen ist. Ein berühmter Architekt, Giovanni Battista Carbone hat den Bau geplant und begonnen. Nach dessen Tod führt ihn Jakob Prandtauer zu Ende, aber hier soll uns die Bau- und Kunstgeschichte weniger interessieren, als vielmehr der Zulauf, den dieses Christkind hat, und die Feierlichkeiten, die ihm zu Ehren stattfinden.

Als der Kirchenbau so weit fortgeschritten war, daß man vor dem Kindl mit Anstand eine Messe hat feiern können, bittet der Abt Anselm von Garsten am 18. August 1709 den Fürstbischof von Passau, in dem neuen Gotteshaus Messen lesen zu dürfen, nicht nur für die Wallfahrer, auch für »das herumbligende Volck, welches meiste Theils bey einfallenden Regen- oder Schnee Gewitter wegen Entlegenheit ihrer Pfarr kein Gotts-Dienst beywohnen kunte...«

Die Kirche ist noch nicht fertiggestellt, die Mittelkuppel erst durch ein Notdach geschlossen, da erhält der Abt von Garsten am 25. September 1709 die bischöfliche Zelebrationsbewilligung. Vor dem Gnadenbaum wird ein behelfsmäßiger Altar aufgebaut; in den beiden Seitenkapellen auch.

Andachtsbild; Kupferstich, 18. Jh.

So kommt es noch am Tag des heiligen Erzengels Michael, am 29. September 1709, zum ersten Gottesdienst im heutigen Gotteshaus, welcher, wie es heißt, »in nachgehender Solennität vorbey gegangen«.

»Morgens Frühe umb halber siben Uhr erhebeten sich von Gärsten Ihro Gnaden Herr Herr Anselmus Abbt allda / und begleiteten zu Dero Christ=Kindl= Capellen die zu disem Fest sonderbar eingeladene und gegenwärtige Herrn Herrn Prälaten...« Der regierende Abt von Kremsmünster ist gekommen, der regierende Probst von St. Florian und der Abt von Gleinck. Es »verfügeten sich die gnädigen Herrn Herrn Prälaten in das Kirchl / und opfferten /

nach dem Exempel der drey Heiligen Königen dem Gnadenreichen JEsus=Kindl unter dem Trompeten- und Baucken-Schall / nicht gold / Weyhrauch / und Myrrhen / sondern was durch dise Geheimbnusvolle Gaaben uns vorgebildet wird / dem König aller Königen Christum JEsum / dem wahren Sohn Gottes selbsten ein unblutiges Opffer: Und zwar in der von Ihro Maj. der Verwittibten Röm. Kayserin Eleonorae Magdalenae Theresiae öffters allergnädigst begehrten intention, nemblichen das Gnaden=reiche JEsus=Kindl wolle dem sambentlichen Ertz=Hertzoglichen Hauß Oesterreich Gottseeligen Stammen seine göttliche Gnade / und Segen ertheilen. Als dise heilige Meßen vollendet / hat der Prediger die Cantzl bestigen / welche unter dem freyen Himmel zugerichtet worden: Dieweilen auch die Gröste Kirchen zu klein gewesen wäre / eine so ungemeine Menge Volcks / ... zu fassen ...«

Es muß ein großes Fest gewesen sein. Von diesem Tag an wird jeden Tag die heilige Messe gefeiert. Der Zulauf zum Christkindl unterm Himmel reißt die nächsten Jahre nicht ab. In den folgenden vier Jahren werden vor ihm 3676 Messen gefeiert und 22 499 Gläubige erhalten die Kommunion.

Generationen sind im Lauf von bald dreihundert Jahren vertrauensvoll zu dem wächsernen Gnadenkindl unterm Himmel bei Steyr gekommen, um ihre Sorgen und Nöte vorzutragen, um Dank zu sagen für die Hilfe, die sie gefunden. Die Stürme der Aufklärung und der Säkularisation sind auch an dieser Wallfahrt nicht spurlos vorübergegangen. Sie hat Zeiten erlebt, in denen nur wenige Gläubige mit ihren Anliegen gekommen sind, in der sie fast vergessen worden ist. Aber mag der Zulauf in so manchem Jahrzehnt nachgelassen haben, ganz vergessen war das Christkindl im Fichtenbaum nicht. Daß es allerdings heute wieder, weit über die Grenzen Oberösterreichs hinaus, zu einem Begriff geworden ist, verdankt es in unseren Tagen, einer Zeit, in der der Glaube keine Berge mehr versetzen kann, nicht gläubigen Menschen, sondern der Österreichischen Bundespost, die in den Jahren nach dem Zweiten Weltkrieg auf den ertragreichen Gedanken gekommen ist, in der Weihnachtszeit vom »Postamt Christkindl« aus mit dem entsprechenden Stempel versehene Weihnachtspost in alle Welt zu verschiken. Und wer möchte in den Weihnachtstagen keine Post vom Christkindl bekommen?

Vor- und Rückseite einer Zinnmedaille für Christkindl bei Steyr, aus der Gießerei Schweitzer in Dießen am Ammersee, 18. Jh.

*Andachtsbild des Münchner Augustinerkindls;
Kupferstich, 18. Jh.*

Literatur

Allgemein:

»Vom zarten Kindlein Jesu vnserm allerliebsten Herrn vnd wahren Emanuel Ein altes / zuvor nie im Truck außgangen Büchlin / voll Christlicher Lehr und Geistlicher Betrachtung / sonderlich auff die Weyhenechtische und volgende Christliche Feste / vast nutzlich zu lesen und zugebrauchen. Mit Röm. Kay. May Freyheit – 1565 – Adam Walasser . . . getruckt zu Dilingen durch Sebaldun Mayer.«

»Geistliches Vergiß mein nicht – Katholisches Gebetbuch enthaltend die nothwendigsten und nützlichsten Morgen-, Abend-, Meß-, Beicht-, Communion-, und anderen Andachten, geschrieben i. J. 1706 – herausgegeben und vervollständigt von Edmund Scholz, Pfarrer. München Verlag von A. Scholz.«

»Geistlicher Krippen=Bau / das ist: Gottseelige Übungen / Mit welchen sich ein GOttliebende Seel mit Andacht / zu grossem Trost und Nutzen der Seelen / Zu der Gnadenreichen Geburt JESU CHRISTI, Ihres geliebten Gesponß / durch die heilige Advents=Zeit bereiten kann: Auf alle Tag deß Advents besonders gerichtet . . . München / getruckt bey Heinrich Theodor von Cöllen / Churfl. Hof=Buchdruck. und Buchhandler 1735.«

»Betrachtungen, Anmuthungen und Übungen von der Göttlichen Kindheit JESU CHRISTI . . . Anfangs in Französischer Sprache an das Liecht hervorgehoben von dem Ehrwürdigen P. Avrillon, aus dem Orden S. Francisci de Paula, Nunmehro Wegen ihrer Vortrefflichkeit und Nutzen in das Teutsche übersetzet von Einem Welt=Priester . . . München gedruckt bey Christoph Mayr 1759. Verlegt und zu finden bey Ignati Schmid, Buchbinder in Landshut.«

R. Bauerreiß: »Kirchengeschichte Bayerns«, Bd. 4, St. Ottilien 1953.

M. Buchberger: »Lexikon für Theologie und Kirche«. Freiburg – Basel – Wien 1957–67.

T. Gebhard: »Das Münchener Seminarikindl«. In: »Bayerisches Jahrbuch für Volkskunde«, 1960.

G. Gugitz: »Das kleine Andachtsbild in den österreichischen Gnadenstätten«. Wien 1950.

G. Gugitz: »Österreichische Gnadenstätten in Kult und Brauchtum«. 5 Bde. Wien 1955–58.

S. Kasbauer: »Die große Fraue von St. Clara. Ein kurzes Lebensbild der Äbtissin Caritas Pirckheimer von Nürnberg«. Landshut 1959.

L. Kriß-Rettenbeck: »EX VOTO Zeichen, Bild und Abbildung im christlichen Votivbrauchtum«. Zürich 1974.

L. Kriß-Rettenbeck: »Bilder und Zeichen religiösen Volksglaubens.« München 1971.

P. Lippert: »Ein Kind ist uns geboren«. München 1927.

F. Markmiller: »Der Tag ist so freudenreich«. Regensburg 1981.

C. Pirckheimer: »Ain kron zu dem kindley von bethlehem zu laden«. Aus: »Gebetbuch der Äbtissin Caritas Pirckheimer, an St. Claren zu Nürnberg 1467–1532«. Nürnberg 1982.

W. Pötzl: »Schwäbische Christkindlwallfahrten«. In: »Ebbes« 1981/6.

W. Pötzl: »Gnadenreiche Christkindl und ihre Verehrung durch Wallfahrer und gläubiges Volk«. In: »Schönere Heimat«. Hrsg. v. Bayerischen Landesverein für Heimatpflege e. V. München 1982/4.

C. Richtstätter: »Die Herz-Jesu Verehrung des deutschen Mittelalters«. Regensburg 1924.

E. Roth: »Ein Kind ist uns geboren«. München 1971.

B. Rothemund und J. Puckett: »Gnadenreiche Jesulein. Jesuskindwallfahrtsorte. Entstehung – Geschichte – Brauchtum«. Autenried 1982.

Jacobus de Voragine: »Legenda aurea«. Übersetzt von R. Benz. Heidelberg um 1960.

M. Weitlauff: »Margareta Ebner«. In: »Bavaria Sancta«. Bd. 3. Regensburg 1973.

H. Wentzel: »Eine Wiener Christkindlwiege in München und das Jesuskind der Margaretha Ebner«. In: »Pantheon«. München 1960.

L. Zenetti: »Das Jesuskind. Verehrung und Darstellung«. München 1987.

F. Zoepfl: »Das schlafende Jesuskind mit Totenkopf und Leidenswerkzeugen«. Aus: »Volk und Volkstum«. Jahrbuch f. Volkskunde. v. Hrsg. G. Schreiber. München 1936.

F. Zoepfl: »Margareta Ebner«. Meitingen 1950.

Ara Coeli:

»Il S. Bambino d'Aracoeli«. Festschrift zum 50. Jahrestag der Krönung. Rom 1947.

»Il S. Bambino di Aracoeli – Manuale di Preghiere con Notizie Introduttive Storico Religiose«. Rom 1964.

F. Gregorovius: »Wanderjahre in Italien«. 7. Auflage. 3 Bd. Leipzig 1894–96.

»Weihnachten im Rom von gestern«. In: »L'Osservatore Romano«. Rom, Dez. 1982.

A. Stefanucci: »Terza nostra internazionale des Presepio e della infanzia di Gesù«. Ausstellungskatalog. Mailand 1959.

Prag:

P. Emmerich: »Pragerisches Groß= und Klein, das ist Geschichts=Verfassung / des In seinen seltsamen Gnaden / scheinbaren Wunder=Zeichen Wunder=würdigen Begebenheiten / großen / In seiner auß Jungfrau=Wachs gestalten Heiligenbildniß / Kleinen: Kindlein-Jesu / Welches schon über hundert Jahr bey denen Barfüßigen Carmeliten in der Königl. Kleinern Stadt Prag andächtigst verehrt wird. R. P. Emerico à S. Stephano, würklichen Prior der gemeldten Geistlichen / . . . Prag / gedruckt im Königs=Hoff / bey Mathias Adam Höger / Hoch=Fürstliche Ertz=Bischöflichen Buchdrucker 1737. Erstausgabe in Deutsch 1740.

J. Ch. Mayer: »Von der wunderbahrlichen Bildnuß des Gnadenreichen Kindleins JEsu zu Prag . . .«. München 1757.

J. Mayer: »Das gnadenreiche Jesuskind in der Kirche S. Maria de Victoria, Prag«. Prag 1883.

E. Rich: »Die Karmeliten in Böhmen und das Prager Jesulein«. In: E. Winter (Festschrift): »Dominicus a Jesu Maria«. Wien 1930.

G. Brockhusen: »Das gnadenreiche Prager Jesuskind«. Linz o. J. (circa 1965).

P. Claudel: »Gedichte« Heidelberg o. J.

M. Altenhöfer: »Das gnadenreiche Prager Jesulein und seine Verehrung«. Königstein / Taunus 1984.

Salzburg:

Anonym: »Grosses Kleinod / Und / Kleine Grösse / deß / Grossen Gnaden=Schatz deß / kleinen Kindleins / Jesu / Welches in dem Löblichen / Frauen=Closter Mariae Loreta in Salzburg mit höchster Andacht etcetc – Salzburg bey Johann Joseph Prambsteidl . . . 1720.«

Anonym: »Das Hundert=Jährige / In seiner Bildnuß Kleine / In seinen Wundern Grosse / Sogenanne / Loreto= Oder Saltzbürger=/ Kindlein./
Das ist: Außführliche Beschreibung / deß / In dem allhiesigen GOttes=Hauß, und / Frauen-Closter Loreto / Tert. Ord. S. Franc. Capuc./ wegen dem von erster Ankunfft und Einführung deß Wund=/ der= und Gnaden=vollen heiligen Loreto=Kindlein in ermeldte / Closter=Kirchen, glücklich zuruck gelegten / Ersten Jahr=Hundert/Hochfeyerlich begangenen / Jubel= und Danck=Fests / Welches seinen Anfang genommen den 20. Junii Domin. III. post.Pentec. und den 27. besagten Monats be/schlossen worden, anno 1751. Saltzburg gedruckt bey Joh.Jos. Mayrs, Hof- u. Academ. Buchdruckers seel. Erbin.«

Anonym: »Lauretanischer / Gnaden=Schatz,/ Oder: / Das in seiner Bildnuß kleine,/ In seinen Wundern grosse / Sogenannte / Saltzburger=Kindl,/ Welches in dem Loblichen Frauen=/ Closter Maria Loreto in Saltzburg / Tert. Ord. S. Franc. Cap. zu offentlicher Andacht / ausgesetzet, mit sonders grossen Gnaden leuchtet . . . Saltzburg, gedruckt und zu finden bey Johann Joseph Prambsteidl, Löbl. Landschafft= und / Stadt=Buchdr. 1754.«

Anonym: »Das gnadenreiche / Loretto-Kindlein / von Salzburg / Geschichte und Verehrung / dieses wundertätigen Jesuskindes / im Kloster der Kapuzinerinnen / von St. Maria-Loretto / in Salzburg«. Selbstverlag des Kapuzinerinnen-Klosters St. Maria Loretto in Salzburg. 17. Auflage, 1937.

Anonym: »Verehrung Christi / im / Loretto-Kind / von Salzburg / Geschichte und Verehrung dieses wundertätigen / Jesuskindes im Kloster der Kapuzinerinnen von der / Ewigen Anbetung zu ›St. Maria Loretto‹ in Salzburg«. 23. Auflage. Salzburg 1971.

Anonym: »300 Jahre Salzburger Lorettokindl«. Salzburg 1950.

Vikar G. Eser: »Verehrung Christi im Lorettokindl von Salzburg«. Salzburg 1971. 23. Auflage des Wallfahrtsbüchleins mit Gebetserhörungen von 1957–1971.

Filzmoos:

Vikar Noder: »Christkündlgebeth«. 1717.

Vikar Noder: »Die grosse Glockhen des Großkhleinen, Lieb- und gnadenreichen Jesu-Khündlein zu St. Peter in Filzmoß, das ist: Wunderlies Herkhommen oder Ursprung und Würkhung dises göttlichen so genannten Glockenkhündlein«. Salzburg 1718.

Anonym: »Ursprung Und manigfaltig erhaltene Gnaden des Miraculosen JESUS Kindl in Filzmoß, Lands Salzburg, unweit Radstadt der Löbl. Pfarr Altenmarkt, von denen her und her gewesten Seelsorgeren verzeichnet«. Salzburg 1772.

Vikar Egger: »Zur größeren Ehre des Göttlichen Jesu Kind«. 1772.

A. Planitzer: »Filzmoos«. Kirchenführer. Salzburg 1936.

Anonym: »Ausführliche Beschreibung der Wallfahrt zum gnadenreichen Jesukindlein in Filzmoos«. Salzburg 1937.

M. Jäger: »Ausführliche Beschreibung der Wallfahrt in Filzmoos«. Salzburg 1937.

Anonym: Handgeschriebenes Mirakelbuch.

Reutberg:

Anonym: »Neu= und Alte Andachten / zu grösserer Ehr Gottes ...«. Gedruckt bei Joh. Frantz Fritisch. Eger 1719.

Anonym: Neu- und Alte Andachten / Zu grösserer Ehr GOttes / auß Unterschiedlichen Alt- und Neuen Hand-Büchlen gezogen / Zum Trost und Hülff / Aller Tugend-ergebenen / auch Neuangehenden eyferigen Dienern und Dienerinnen GOTTE / ...« Eger 1719.

Anonym: »Bittrich / voll / deß himmlischen Manna / und Süssen Morgen Thau / das ist:/ Historischer Discurs / Von / dem Ursprung / Fundation. Auffnamb / glücklichen Fortgang / Jugend-Wandel / und andere denkwürdigen Sachen / deß Löbl. Frauen-Closters / Ordens der Dritten Regul deß heil. Francisci, Bey Sanct Christophen im Bittrich genannt / In der Chur-Fürstlichen Residentz-Stadt München«. Gedruckt bei Johannes Lucas Straub. München 1721.

P. E. Rattelmüller: »Das bayerische Christkindl aus dem Heiligen Land«. Bayer. Rundfunk Dez. 1967.

München:

A. Mayer u. G. Westermayer: »Statistische Beschreibung des Erzbisthums München-Freising«. 3 Bde. München 1874, Regensburg 1880 u. 1884.

J. M. Forster: »Das gottselige München«. München 1895.

Anonym: »Weihnachts-Gruß eines Muenchnerkindl«. (Um 1900)

I. Hämmerle: »Geschichte des Augustinerklosters in München«. München-Pasing 1956.

Regnet: »München vor hundert Jahren«.

Altenhohenau:

A. Mitterwieser: »Dominikanerinnenkloster Altenhohenau am Inn«. Rosenheim 1914.

P. K. Wildenauer: »Schönere Heimat«. Hrsg. v. Bayerischen Landesverein für Heimatpflege e. V. München 1956.

P. K. Wildenauer: Zwei nicht veröffentlichte Manuskripte (um 1960/65).

P. K. Wildenauer: »Zur Geschichte der Altenhohenauer Jesulein«. In: Klerusblatt, München 1963.

L. Besler-Ungerer: »Columba Weigl von Altenhohenau 1713–1783 eine Mystikerin des Bayernlandes aus dem Dominikanerorden«. Selbstverlag, 1983.

Christkindl (Steyr):

P. Ambrosius Freydenpichl: »Wunderwürckender / Lebens-Baum / das ist: Außerlesene Gnaden-Geschichten / so das Allergnadenreichiste JESUS-Kindl in dem Baum / unter den so gnannten Himmel/ unweit der Lands-Fürstl. Stadt Steyr / durch seine unendliche Liebe und Barmhertzigkeit / Von Anno 1698 biß 1712 / denen Armseeligen Kranck- und Bresthafften Menschen erwiesen ...«. Steyr 1712.

F. Pritz: »Beschreibung und Geschichte der Stadt Steyr«. Linz 1837.

J. Harter: »Ursprung und Geschichte des Gnadenortes Christkindl«. Steyr 1909.

J. Perndl: »Zweihundertfünfzig Jahre Christkindl«. In: »Jahresbericht des Kollegiums Petrinum«. Linz 1957/58.

J. Perndl: »Christkindl / Steyr« 3. Auflage. München-Zürich 1966.

G. Gugitz: »Österreichs Gnadenstätten in Kult und Brauch«. Wien 1983.

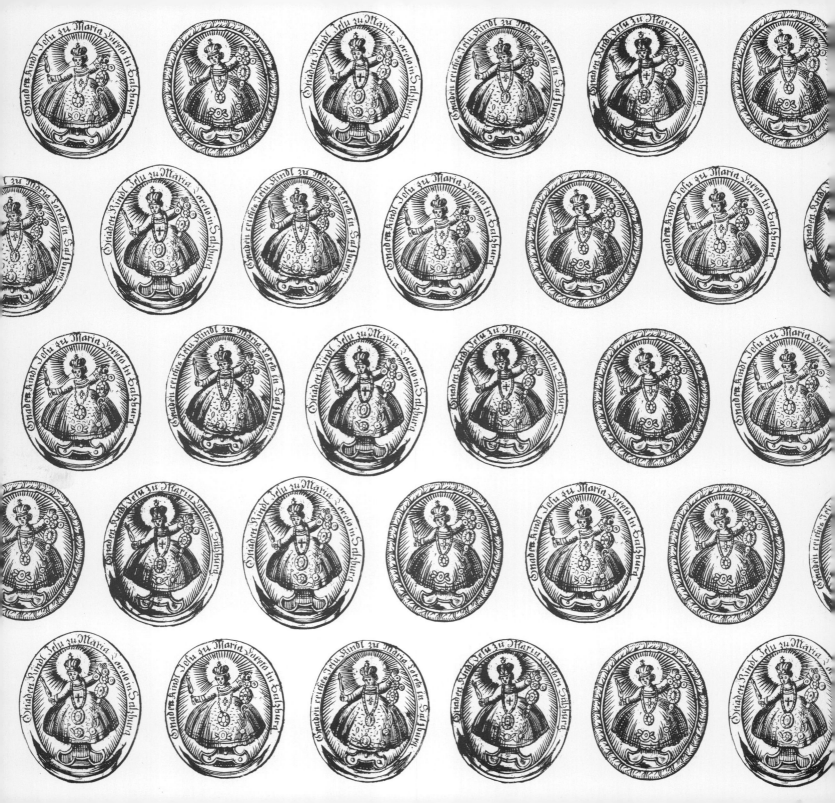